やろうよ
バレーボール

はじめに

私《わたし》が現役《げんえき》を引退《いんたい》し、小学生《しょうがくせい》にバレーボールを教《おし》えるようになったのは、息子《むすこ》が小《しょう》学校《がっこう》5年《ねん》だったころです。「SAMURAI Legend」の前身《ぜんしん》、大和《やまと》ベアーズで指導《しどう》をはじめ、それ以来《いらい》、小学生《しょうがくせい》の育成《いくせい》に携《たずさ》わってきました。いまやその息子《むすこ》も24歳《さい》。気《き》がつけば16年《ねん》の歳月《さいげつ》が流《なが》れました。

小学生《しょうがくせい》指導《しどう》の魅力《みりょく》は子《こ》どもたちの成長《せいちょう》にあると思《おも》います。この時期《じき》からバレーを一生懸命《いっしょうけんめい》やれば、必《かなら》ずうまくなります。逆《ぎゃく》にこの時期《じき》に覚《おぼ》えたことは忘《わす》れません。だからこそわれわれ、指導者《しどうしゃ》はきちんとしたことを教《おし》えないといけないと考《かんが》えています。

もちろん勝《か》つことは大事《だいじ》ですが、小学生《しょうがくせい》のうちはあまり無理《むり》をせず、基本的《きほんてき》な動《うご》きや正《ただ》しいフォームを覚《おぼ》えられれば十分《じゅうぶん》だと思《おも》います。この本《ほん》のなかで、からだづくりにページをさいているのはそういう理由《りゆう》もあります。ここで覚《おぼ》えた動《うご》きは必《かなら》ずプレーにいきてきます。それは中学生《ちゅうがくせい》になってからかもしれませんし、高校生《こうこうせい》になってからかもしれません。でも、私《わたし》はそれでいいと思《おも》っています。

みなさんがこの本《ほん》を教科書《きょうかしょ》がわりにして、バレーボールを楽《たの》しく、長《なが》く続《つづ》けていってくれたら、こんなにうれしいことはありません。

熊田康則《くまだやすのり》

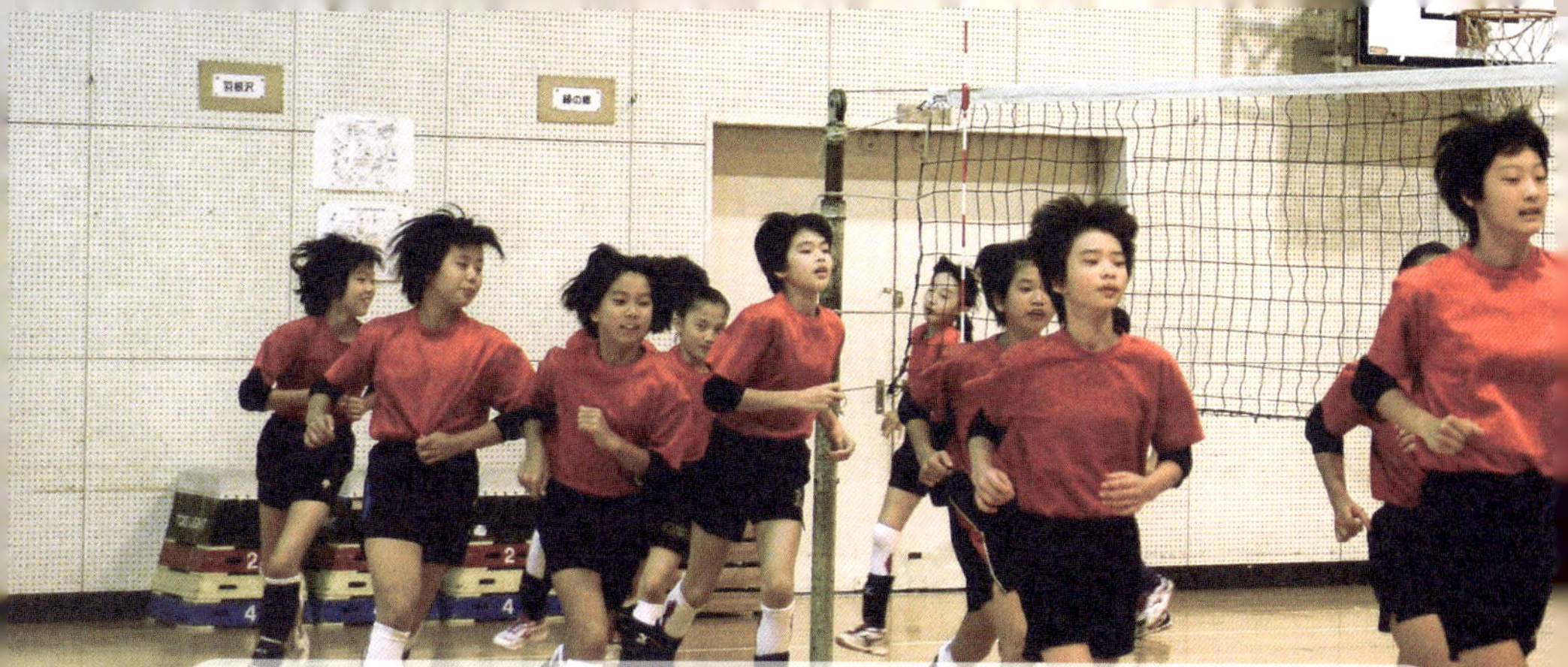

この本《ほん》の使《つか》い方《かた》

みなさんに身《み》につけてもらいたい「基本《きほん》」から順番《じゅんばん》に並《なら》べてあります。1章《しょう》ずつ進《すす》んでください。どれも右利《みぎき》きをモデルにしています。左利《ひだりき》きの人《ひと》は左右《さゆう》入《い》れ替《か》えて行《おこな》いましょう。

マークについて

POINT

[ポイント]
文字通《もじどお》り、やり方《かた》のポイントとなる部分《ぶぶん》です。

[参考《さんこう》ページ]
共通《きょうつう》するからだの扱《あつか》い方《かた》を掲載《けいさい》しているページの紹介《しょうかい》です。

ここを CHECK!

[ここをチェック!]
できているかどうか、確認《かくにん》してほしい部分《ぶぶん》です。

ワンポイントアドバイス

[ワンポイントアドバイス]
練習《れんしゅう》するにあたって心《こころ》がけたい部分《ぶぶん》、ポイントなどのお話《はなし》です。

練習法《れんしゅうほう》

[練習法《れんしゅうほう》]
技術《ぎじゅつ》をマスターしやすい、効果的《こうかてき》な練習《れんしゅう》の紹介《しょうかい》です。

UP! レベルアップ★レッスン

[レベルアップ★レッスン]
より高《たか》いレベルの技術《ぎじゅつ》を身《み》につけるためのポイントです。

この練習《れんしゅう》の狙《ねら》い!

[この練習《れんしゅう》の狙《ねら》い!]
紹介《しょうかい》する練習《れんしゅう》によって得《え》られる効果《こうか》と目的《もくてき》です。

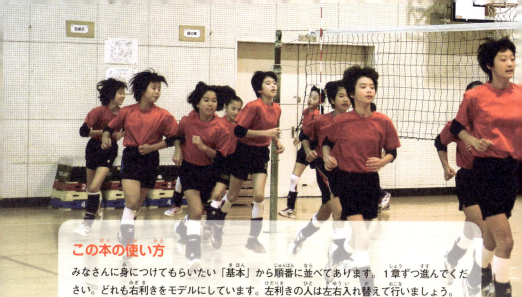

目次

はじめに … 2

第1章 動きづくりからはじめよう … 7

- 動きづくり① 動的ストレッチ … 8
- 〔ステップ1〕ブラジル体操 外まわし(前) … 10
- 〔ステップ2〕ブラジル体操 外まわし(うしろ) … 12
- 〔ステップ3〕ブラジル体操 ヒールタッチ … 14
- 〔ステップ4〕ウォーキングランジ … 16
- 動きづくり② 動物運動 … 16
- 〔ステップ1〕犬歩き … 16
- 〔ステップ2〕クモ歩き … 18
- 〔ステップ3〕アザラシ歩き … 20

- 動きづくり③ 耳と目の運動 … 22
- サインが出たらゴー！ … 24
- 音が鳴ったらすぐダッシュ
- 動きづくり④ 器械トレーニング … 24
- 〔跳び箱〕台上ジャンプをやってみよう … 26
- 〔マット運動〕連続ジャンプをしてみよう … 28
- 〔ラダー運動〕かろやかにステップをふむ … 30
- 第1章まとめ … 32

第2章 パス＆レシーブを覚える … 33

- ボールとともだちになろう① 片手パス
- 〔ステップ1〕片手でポンポンできるかな？ … 34
- 〔ステップ2〕手の甲やパンチングでもやってみよう … 35
- ボールとともだちになろう② ボールキャッチ
- 〔ステップ1〕背面キャッチをしてみよう … 36

基本のかまえ① スタンス	40
基本のかまえ② ポジション別	42
基本のアンダーハンドパス① 手の組み方	44
基本のアンダーハンドパス② 足の送り方	46
基本のアンダーハンドパス③ 足の送り方練習法	48
基本のアンダーハンドパス④ バックステップ	50
基本のオーバーハンドパス① 手の形	52
基本のオーバーハンドパス② 手首の使い方	54
基本のオーバーハンドパス③ 足の送り方	56
強打レシーブ① 足の使い方	58
強打レシーブ② 面のつくり方	60
強打レシーブ③ オーバーの形	62
やってみようパス練習①	64
やってみようパス練習②	66
やってみようパス練習③	68
第2章まとめ	70

第3章 サーブは最初の攻撃

基本のフローターサーブ① 正しいフォーム	71
基本のフローターサーブ② 重心移動	72
基本のフローターサーブ③ 正しいスイング	74
基本のフローターサーブ④ トスの位置	76
サーブの種類① アンダーハンドサーブ	78
サーブの種類② サイドハンドサーブ	80
サーブの種類③ オーバーハンドサーブ	82
サーブの種類④ ジャンプフローターサーブ（その1）	84
サーブの種類⑤ ジャンプフローターサーブ（その2）	86
サーブの種類⑥ ジャンプサーブ	88
第3章まとめ	90

第4章 カッコいいスパイクを打とう

基本のスパイク	92
基本のスイング① ハーフサーキュラースイング	93
基本のスイング② ストレートスイング	94
	96
	98

基本のスイング③ サーキュラースイング … 100
攻撃の種類 … 102
ミートのコツ① 手の形 … 104
ミートのコツ② キックミート【基本編】 … 106
ミートのコツ③ キックミート【応用編】 … 108
スパイク練習① … 110
スパイク練習② … 112
第4章まとめ … 114

第5章 ブロックでまもる … 115

基本のブロック1 理想的なかまえ … 116
基本のブロック2 正しい空中姿勢 … 118
ブロック練習法 … 120
ブロックステップの種類 … 122
ブロックステップ1 クイックワン … 123
ブロックステップ2 サイドステップ … 124
ブロックステップ3 クロスステップ … 126
ブロックステップ4&5 ジャブクロスステップ … 128
第5章まとめ … 130

はじめてのバレーボール1
審判シグナルを覚えよう 〜ラインジャッジ編〜 … 131
はじめてのバレーボール2
審判シグナルを覚えよう 〜主審と副審編〜 … 132
はじめてのバレーボール3
コートの大きさ&ネットの高さは? … 134
はじめてのバレーボール4
ゲーム方法を知っておこう … 136
クールダウン&アイシングのすすめ … 138

さくいん … 139
おわりに … 142
著者&協力チーム紹介 … 143

第《だい》1章《しょう》

動《うご》きづくりから はじめよう

〔ステップ1〕ブラジル体操《たいそう》

外《そと》まわし（前《まえ》）

半面《はんめん》コートの幅《はば》（8メートル）を目安《めやす》にして、テンポよく行《おこな》いましょう。

POINT

ブラジル体操《たいそう》はリズムと姿勢《しせい》（体幹《たいかん》）が大事《だいじ》

ヒザをまわしながらあげる

▲ヒザを内側《うちがわ》から円《えん》をえがくようにまわしながら歩《ある》く。足《あし》は交互《こうご》にかえる

ブラジル体操《たいそう》ってなぁに？

ケガをしないために準備運動《じゅんびうんどう》は大切《たいせつ》です。時間《じかん》がないときでも、できるだけやるようにしましょう。

ここで紹介《しょうかい》する「ブラジル体操《たいそう》」は、動《うご》きながらからだをほぐすストレッチ（動的《どうてき》ストレッチ）の方法《ほうほう》です。軽《かる》く走《はし》ったり、スキップしたりしながら、リズミカルに動《うご》くことで関節《かんせつ》とそのまわりの筋肉《きんにく》がやわらかくなります。動《うご》きがスムーズになると、ボールにすばやく反応《はんのう》することができます。

ブラジル体操《たいそう》の種目《しゅもく》はほかにもありますが、ここではバレーボールに必要《ひつよう》な股関節《こかんせつ》まわりの動《うご》きを紹介《しょうかい》します。

応用編《おうようへん》

内《うち》まわしもやっておこう

「外《そと》まわし」のあとは、ヒザを外側《そとがわ》からまわす「内《うち》まわし」もやってみよう。同《おな》じように足《あし》は交互《こうご》にかえる

ワンポイントアドバイス

練習《れんしゅう》をはじめるときの順番《じゅんばん》は

静的《せいてき》ストレッチ→動的《どうてき》ストレッチ→専門競技《せんもんきょうぎ》プログラムの順《じゅん》に進《すす》める

反対《はんたい》のヒザをまわしながらあげる
ヒザを外側《そとがわ》にひらいておろす
ヒザを外側《そとがわ》にひらいておろす

POINT

股関節《こかんせつ》を動《うご》かすことを意識《いしき》する

股関節《こかんせつ》

ヒザをまわしながら歩《ある》いていくので、からだのバランスをくずさないように。関節《かんせつ》の動《うご》きをよくすると、太《ふと》ももやお尻《しり》の筋肉《きんにく》も一緒《いっしょ》にほぐれる

〔ステップ2〕ブラジル体操《たいそう》

外《そと》まわし(うしろ)

今度《こんど》はうしろ向《む》きになって、
外《そと》まわしを練習《れんしゅう》しましょう。
股関節《こかんせつ》を立体的《りったいてき》に
動《うご》かせるようになると、
よりスムーズな動《うご》きに
なります。

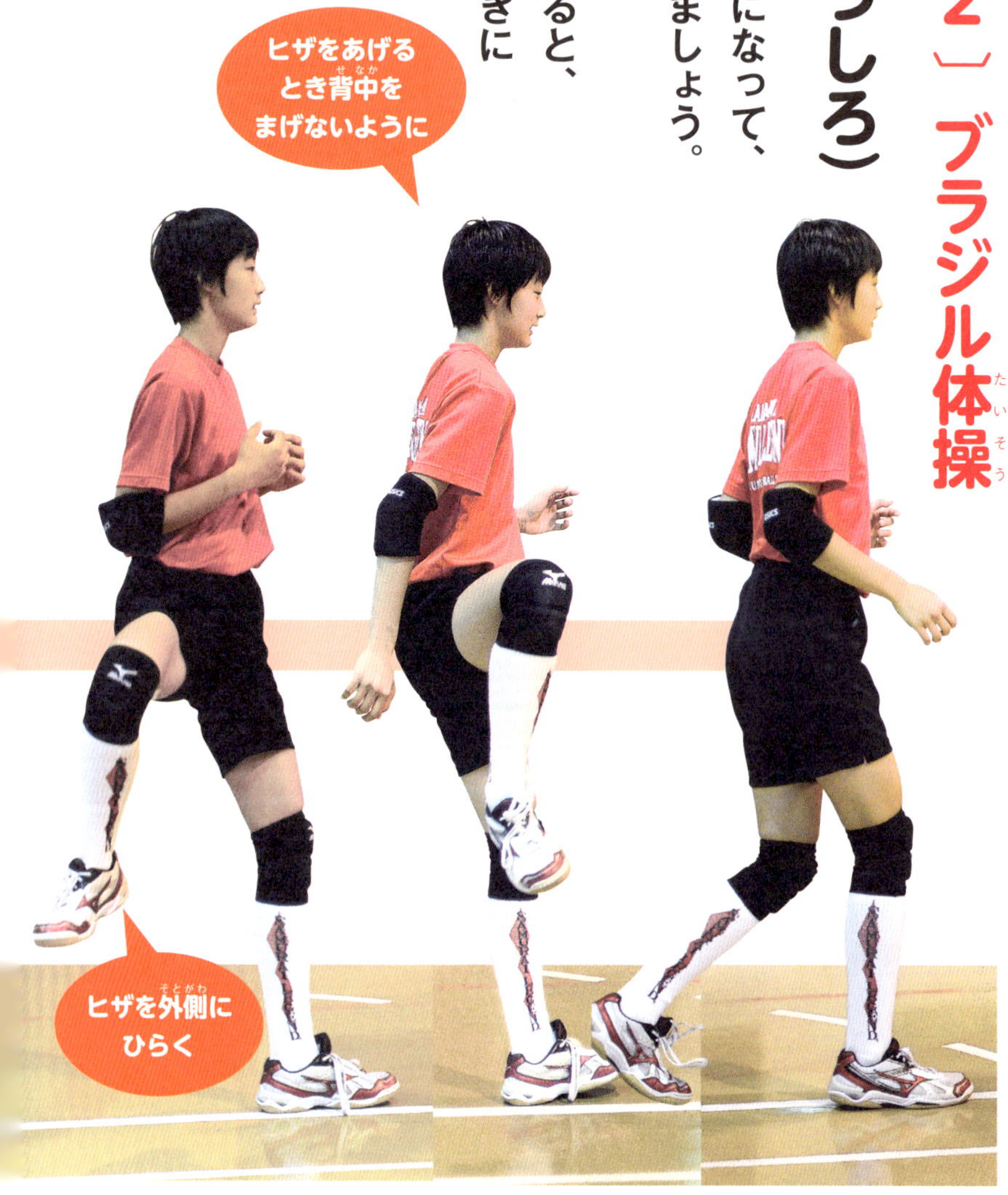
ヒザをあげるとき背中《せなか》をまげないように
ヒザを外側《そとがわ》にひらく

▲ヒザを内側《うちがわ》から円《えん》をえがくようにまわしながら、うしろ向《む》きで歩《ある》く。足《あし》は交互《こうご》にかえる

POINT

うしろにつく足《あし》をできるだけ大《おお》きくする

うしろへの１歩《ぽ》がすばやく出《だ》せるようになると、ボールが変化《へんか》してもすぐに反応《はんのう》できるようになる。ふだんからこの練習《れんしゅう》をしていると、動《うご》きにむだをなくすことができる

足《あし》をうしろにつく
反対《はんたい》のヒザを内側《うちがわ》からまわしながらあげる
ヒザを外側《そとがわ》にひらく
足《あし》をうしろにつく

〔ステップ3〕ブラジル体操《たいそう》

ヒールタッチ

バランスをくずさずにリズムよく、かかとを手《て》のひらにタッチしながら走《はし》ってみましょう。

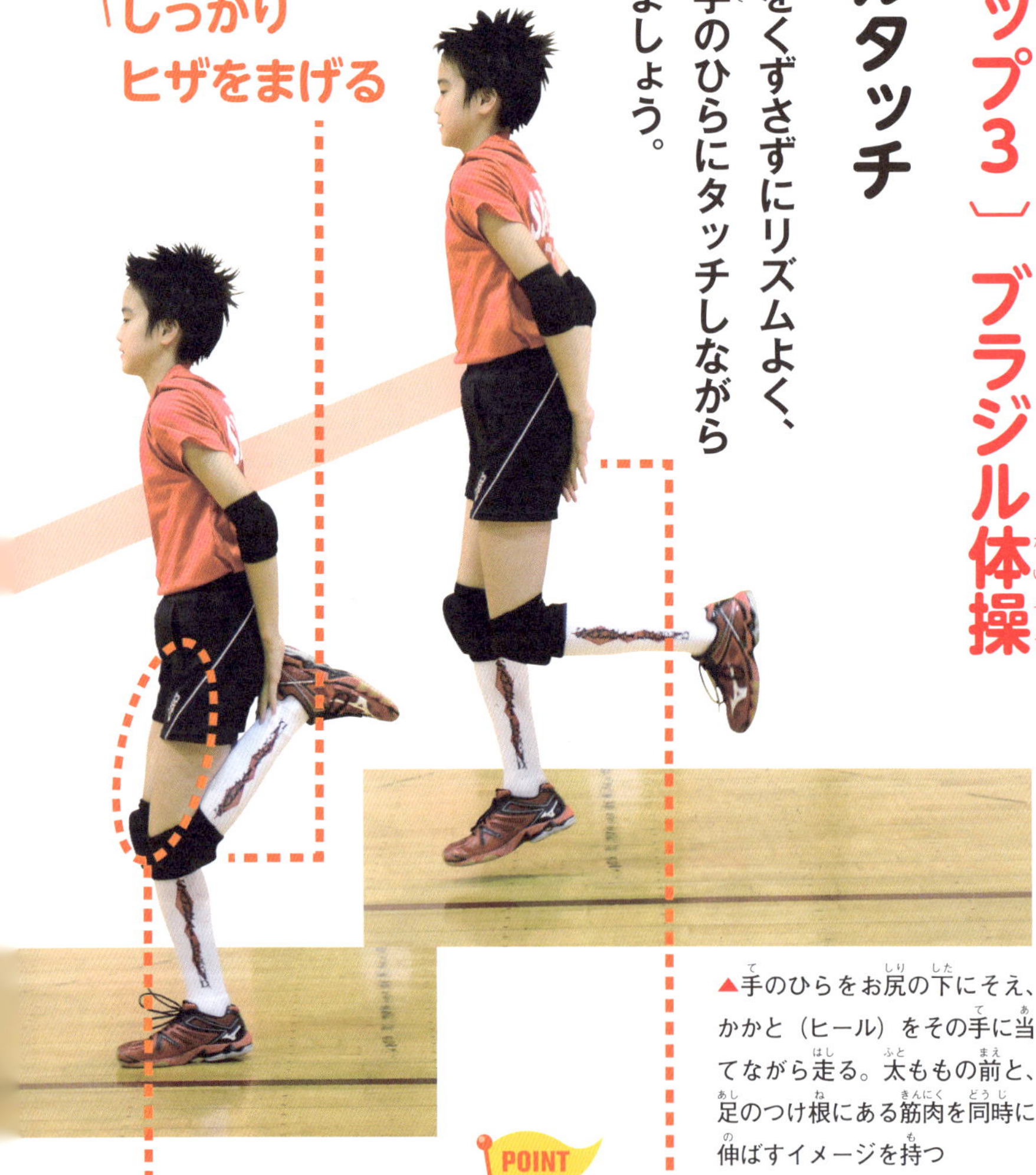
POINT
しっかり
ヒザをまげる
POINT
手《て》のひらを
外側《そとがわ》に向《む》ける
POINT
このへんが
伸《の》びていればOK!

▲手《て》のひらをお尻《しり》の下《した》にそえ、かかと（ヒール）をその手《て》に当《あ》てながら走《はし》る。太《ふと》ももの前《まえ》と、足《あし》のつけ根《ね》にある筋肉《きんにく》を同時《どうじ》に伸《の》ばすイメージを持《も》つ

上級編《じょうきゅうへん》

トゥタッチをまぜてやってみよう

「ヒールタッチ」だけでなく、つま先《さき》（トゥ）を指先《ゆびさき》でタッチしながら走《はし》る「トゥタッチ」も一緒《いっしょ》にやると、腰《こし》、お尻《しり》、太《ふと》ももまでのストレッチになる。ポイントは、右足《みぎあし》を前《まえ》にあげたときは左《ひだり》の指先《ゆびさき》で、左足《ひだりあし》をあげたときは右《みぎ》の指先《ゆびさき》でタッチすること。ヒールタッチも同《おな》じように、右《みぎ》のかかとは左手《ひだりて》で、左《ひだり》のかかとは右手《みぎて》でさわる

〔ステップ4〕

ウォーキングランジ

大《おお》きく足《あし》を出《だ》して股関節《こかんせつ》の可動域《かどういき》を広《ひろ》げます。慣《な》れてきたらうしろ歩《ある》きにもチャレンジしましょう。

◀片足《かたあし》を大《おお》きく前《まえ》に出《だ》してヒザをまげて腰《こし》をしっかりと落《お》とすと同時《どうじ》に、足《あし》と反対《はんたい》の手《て》を振《ふ》りあげる。この動《うご》きを左右交互《さゆうこうご》に繰《く》り返《かえ》しながら前《まえ》に進《すす》んでいく

うしろ歩《ある》きランジ

バランスよくからだを使《つか》えるようになることが大事《だいじ》。前方向《まえほうこう》に進《すす》むだけでなく、うしろ歩《ある》きも一緒《いっしょ》にやるようにする

✕ うしろのヒザが内側《うちがわ》にはいる

からだの軸《じく》がブレないようにする。うしろのヒザが内側《うちがわ》にはいると、かかとも外《そと》を向《む》いてしまうので注意《ちゅうい》。前《まえ》の足《あし》も同様《どうよう》にヒザが内側《うちがわ》にはいったり、つま先《さき》が内側《うちがわ》に向《む》いたりしない

POINT
1歩《ほ》を大《おお》きく

動物《どうぶつ》みたいに歩《ある》いてみよう

［ステップ1］

犬歩《いぬある》き

四足歩行《よんそくほこう》にチャレンジしてみよう。腕《うで》でからだを支《ささ》える力《ちから》が強《つよ》くなるだけでなく、肩《かた》の関節《かんせつ》もほぐれます。

▼手《て》のひらをしっかりと床《ゆか》につけ、ヒザをつかずに歩《ある》く

POINT

前《まえ》を見《み》る

いろいろな筋肉《きんにく》を使《つか》おう

準備運動《じゅんびうんどう》のひとつとして、ぜひ取《と》りいれてほしいのが動物運動《どうぶつうんどう》です。

みなさんは体育《たいいく》のマット運動《うんどう》などでやったことがあるかもしれませんね。ふだん私《わたし》たちは２本《ほん》の足《あし》で歩《ある》いていますが、動物《どうぶつ》のような歩《ある》き方《かた》をマネしてみると、動《うご》きづらかったり、力《ちから》が必要《ひつよう》だったりしませんか？

小学生《しょうがくせい》はいろいろなことが身《み》につく時期《じき》です。ですからただ歩《ある》いたり走《はし》ったりするだけでなく、たくさんの動《うご》きにチャレンジしてみましょう。

一度《いちど》、身《み》につけた技術《ぎじゅつ》は大人《おとな》になっても忘《わす》れませんよ。

練習法《れんしゅうほう》

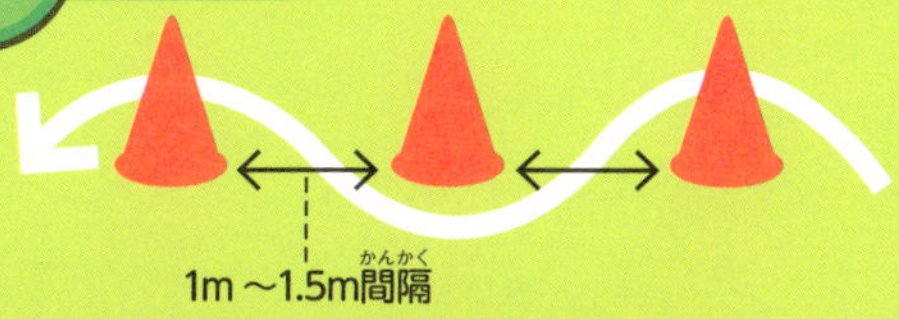

ジグザグ歩《ある》きで挑戦《ちょうせん》しよう

三角《さんかく》コーンのような目印《めじるし》を置《お》いて、そのあいだを縫《ぬ》うように歩《ある》く。コーンは１ｍ～１.５ｍくらいの間隔《かんかく》で置《お》く

POINT

頭《あたま》より腰《こし》を高《たか》くする

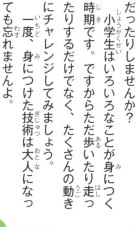

［ステップ２］

クモ歩《ある》き

今度《こんど》はからだをあお向《む》けにして、クモになったつもりでトライしてみましょう。

▶あお向《む》けの状態《じょうたい》で腕《うで》と足《あし》でからだを支《ささ》えながら進《すす》む

ワンポイントアドバイス

お尻《しり》をつかないようにがんばろう

歩《ある》きにくいという人《ひと》は、急《いそ》がなくていいので、お尻《しり》が床《ゆか》に触《ふ》れないように。もし仮《かり》についてしまっても大丈夫《だいじょうぶ》。何回《なんかい》もやっているうちに必《かなら》ずできるようになる

応用編《おうようへん》

進行方向《しんこうほうこう》を変《か》えてみよう

さきほどは足《あし》から前《まえ》に進《すす》んでいったが、今度《こんど》は頭《あたま》のほうから進《すす》んでいく。いろいろな方向《ほうこう》でやるのが大事《だいじ》！

POINT

かかとをしっかりつく

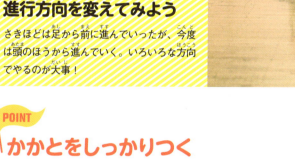

〔ステップ3〕

アザラシ歩《ある》き

これまで四足歩行《よんそくほこう》をしてきましたが、今度《こんど》は腕《うで》の力《ちから》だけで歩《ある》いてみましょう。

▲腕立《うでた》て伏《ふ》せの体勢《たいせい》から両《りょう》ヒザをつき、腕《うで》の力《ちから》だけでクネクネと歩《ある》いていく

POINT

できるだけ腕《うで》の力《ちから》を使《つか》って進《すす》む

応用編《おうようへん》

ムカデ歩《ある》き

アザラシに慣《な》れてきた人《ひと》は、ヒジを使《つか》って歩《ある》く“ムカデ歩《ある》き”もやってみて！

ワンポイントアドバイス

力《ちから》がない人《ひと》はヒジをつっぱるイメージで

腹《はら》ばいになってしまう場合《ばあい》は、まず両手《りょうて》でからだを支《ささ》えてヒジをまっすぐにすることを意識《いしき》してみよう。その状態《じょうたい》から前《まえ》に進《すす》むようにしてみるとだんだんできるようになる

動《うご》きづくり③　耳《みみ》と目《め》の運動《うんどう》

音《おと》が鳴《な》ったらすぐダッシュ！

トレーニングは集中《しゅうちゅう》してやるのが大事《だいじ》。耳《みみ》をすましてやってみましょう。

POINT
音《おと》を鳴《な》らす人《ひと》を見《み》ないようにする
ピッ!

▲コートの横幅《よこはば》を使《つか》う。サイドラインに１列《れつ》に並《なら》び体育座《たいいくずわ》りの体勢《たいせい》からスタート。音《おと》が鳴《な》ったらできるだけすばやく立《た》って走《はし》る

反射神経《はんしゃしんけい》をきたえよう

みなさんは“反射神経《はんしゃしんけい》”という言葉《ことば》を聞《き》いたことがありますか？　反射神《はんしゃしん》経《けい》とは、飛《と》んできたボールをキャッチしたり、すばやくよけたりする、からだの反応《はんのう》のことをいいます。

転《ころ》んだときにとっさに手《て》をついたりする動作《どうさ》もそのひとつです。すばやく動《うご》けるということは、どんなスポーツにも役立《やくだ》ちます。大人《おとな》になってから練《れん》習《しゅう》しても遅《おそ》いので、小学生《しょうがくせい》のうちにたくさんやっておくことが大事《だいじ》です。目《め》の運動《うんどう》は相手《あいて》の動《うご》きを見《み》て反応《はんのう》することに役立《やくだ》ちますし、耳《みみ》の運動《うんどう》は仲間《なかま》の声《こえ》や笛《ふえ》の音《おと》を聞《き》いて反応《はんのう》することに役《やく》立《だ》ちます。

ワンポイントアドバイス

走《はし》り終《お》わりは ピタッ！と止《と》まる

ダッシュしたあとに走《はし》りぬけるのではなく、ゴールのラインまで来《き》たら急《きゅう》ブレーキをかけて止《と》まるようにする。なぜかというと、ボールを追《お》いかけたあと、すばやく次《つぎ》のプレーにはいるため。日《ひ》ごろからこのような動作《どうさ》も練習《れんしゅう》に組《く》み込《こ》んでおこう

応用編《おうようへん》 いろいろなパターンでやってみよう

パターン① うしろ向《む》き

体育座《たいいくずわ》りして、うしろ向《む》きでスタートする。音《おと》が鳴《な》ったら前《まえ》を向《む》き走《はし》る

パターン② うつ伏《ぶ》せ

床《ゆか》に腹《はら》ばいになって、音《おと》が鳴《な》ったら立《た》ちあがって走《はし》る

パターン③ あお向《む》け

うつ伏《ぶ》せの次《つぎ》はあお向《む》け。音《おと》が鳴《な》ったら立《た》ちあがり前《まえ》を向《む》いて走《はし》る

サインが出《で》たらゴー!!

今度《こんど》は出《だ》された合図《あいず》（サイン）に反応《はんのう》する練習《れんしゅう》です。よく見《み》て、できるだけ早《はや》くスタートを切《き》りましょう。

ワンポイントアドバイス

順方向《じゅんほうこう》&逆方向《ぎゃくほうこう》と両方《りょうほう》やる

サインはなんでもＯＫ。ここではパーがスタートの合図《あいず》となる。たとえばどちらかの手《て》でパーを出《だ》したら、その出《だ》された方向《ほうこう》に走《はし》る「順方向《じゅんほうこう》」と、出《だ》した手《て》とは逆《ぎゃく》に走《はし》る「逆方向《ぎゃくほうこう》」を行《おこな》うようにする。同《おな》じ方向《ほうこう》ばかりではなく、両方《りょうほう》のパターンをやっておくのが大事《だいじ》。慣《な》れてきたらサインを出《だ》す人《ひと》がいろいろなところに移動《いどう》してやる。反射神経《はんしゃしんけい》だけでなく視野《しや》を広《ひろ》げる練習《れんしゅう》にもなるのでがんばろう

この人《ひと》の手《て》を見《み》てスタート！

▶スタートする前《まえ》に走《はし》る方向《ほうこう》を決《き》めておき、サインが出《で》たらすばやく走《はし》りはじめる

順方向《じゅんほうこう》

順方向《じゅんほうこう》＝パーを出《だ》した手《て》のほうに走《はし》る

逆方向《ぎゃくほうこう》

逆方向《ぎゃくほうこう》＝パーを出《だ》した手《て》と反対《はんたい》のほうに走《はし》る

応用編《おうようへん》 4方向《ほうこう》でやってみよう

＝サインを出《だ》す人《ひと》　＝走《はし》る人《ひと》

パターン①
右目《みぎめ》で近《ちか》い距離《きょり》を見《み》る

走《はし》る方向《ほうこう》

パターン②
左目《ひだりめ》で遠《とお》い距離《きょり》を見《み》る

走《はし》る方向《ほうこう》

パターン③
右目《みぎめ》で遠《とお》い距離《きょり》を見《み》る

走《はし》る方向《ほうこう》

パターン④
左目《ひだりめ》で近《ちか》い距離《きょり》を見《み》る

走《はし》る方向《ほうこう》

POINT
両方《りょうほう》の手《て》を同時《どうじ》に見《み》る。視野《しや》を広《ひろ》げるトレーニング

道具《どうぐ》を使《つか》って身体能力《しんたいのうりょく》を高《たか》めよう

［跳《と》び箱《ばこ》］台上《だいじょう》ジャンプをやってみよう

スパイクを打《う》つときに空中《くうちゅう》での感覚《かんかく》は大事《だいじ》です。目標《もくひょう》の場所《ばしょ》にボールを落《お》とせるかな？

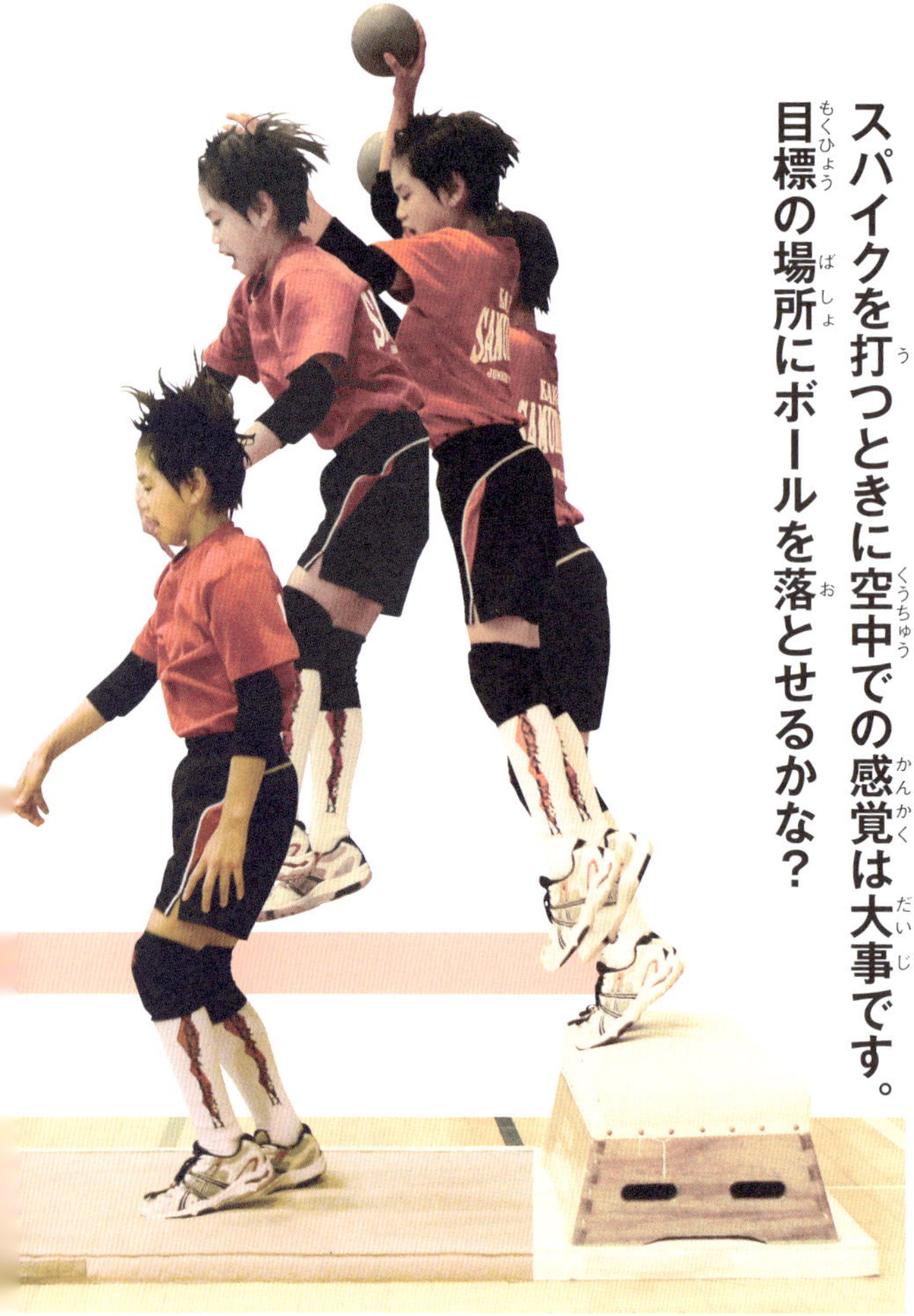

トレーニングは遊《あそ》びのかわり

昔《むかし》の子《こ》どもはよく外《そと》で遊《あそ》んで、自然《しぜん》といろいろな動《うご》きをしていましたが、最近《さいきん》はそういう機会《きかい》が少《すく》ないように思《おも》います。小学生《しょうがくせい》のうちに跳《と》んだり跳《は》ねたりしてからだを動《うご》かすことはとても大事《だいじ》なので、ここで紹介《しょうかい》するようなトレーニングをできるだけしておきましょう。

たとえば学校《がっこう》の体育館《たいいくかん》には跳《と》び箱《ばこ》やマットがありますよね？　これらの道具《どうぐ》だけでも十分《じゅうぶん》ですが、ラダー（はしご）などが用意《ようい》できるとよりよいですね。ジャンプするときは必《かなら》ずマットを敷《し》くこと。ヒザを痛《いた》めてしまいますよ。

ワンポイントアドバイス

右手《みぎて》でも左手《ひだりて》でも投《な》げる

利《き》き腕《うで》だけを使《つか》っているとからだのバランスがくずれ、得意《とくい》な動《うご》き、不得意《ふとくい》な動《うご》きがでてきてしまう。右手《みぎて》をやったら左手《ひだりて》も。右《みぎ》まわりをしたら左《ひだり》まわりも。必《かなら》ず両方《りょうほう》の動《うご》きをまんべんなくやろう

▶マットの上《うえ》に跳《と》び箱《ばこ》を１段置《だんお》く。片手《かたて》で持《も》てるやわらかいボールを持《も》ってその上《うえ》に乗《の》り、ジャンプしながらボールを目《もく》標地点《ひょうちてん》に叩《たた》きつけ、マットに着地《ちゃくち》する

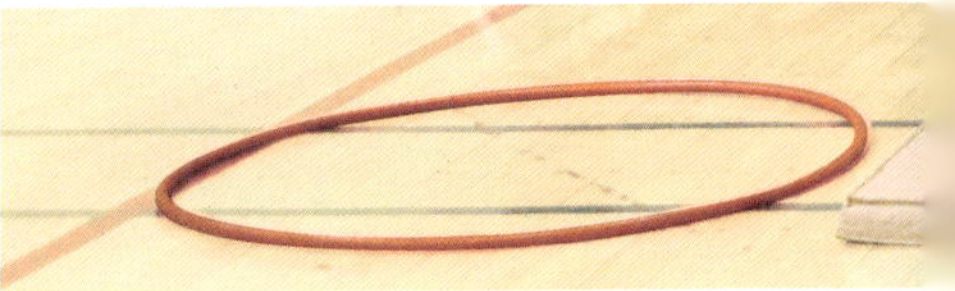

応用編《おうようへん》

できるかな？

ひねりをいれながら投《な》げる

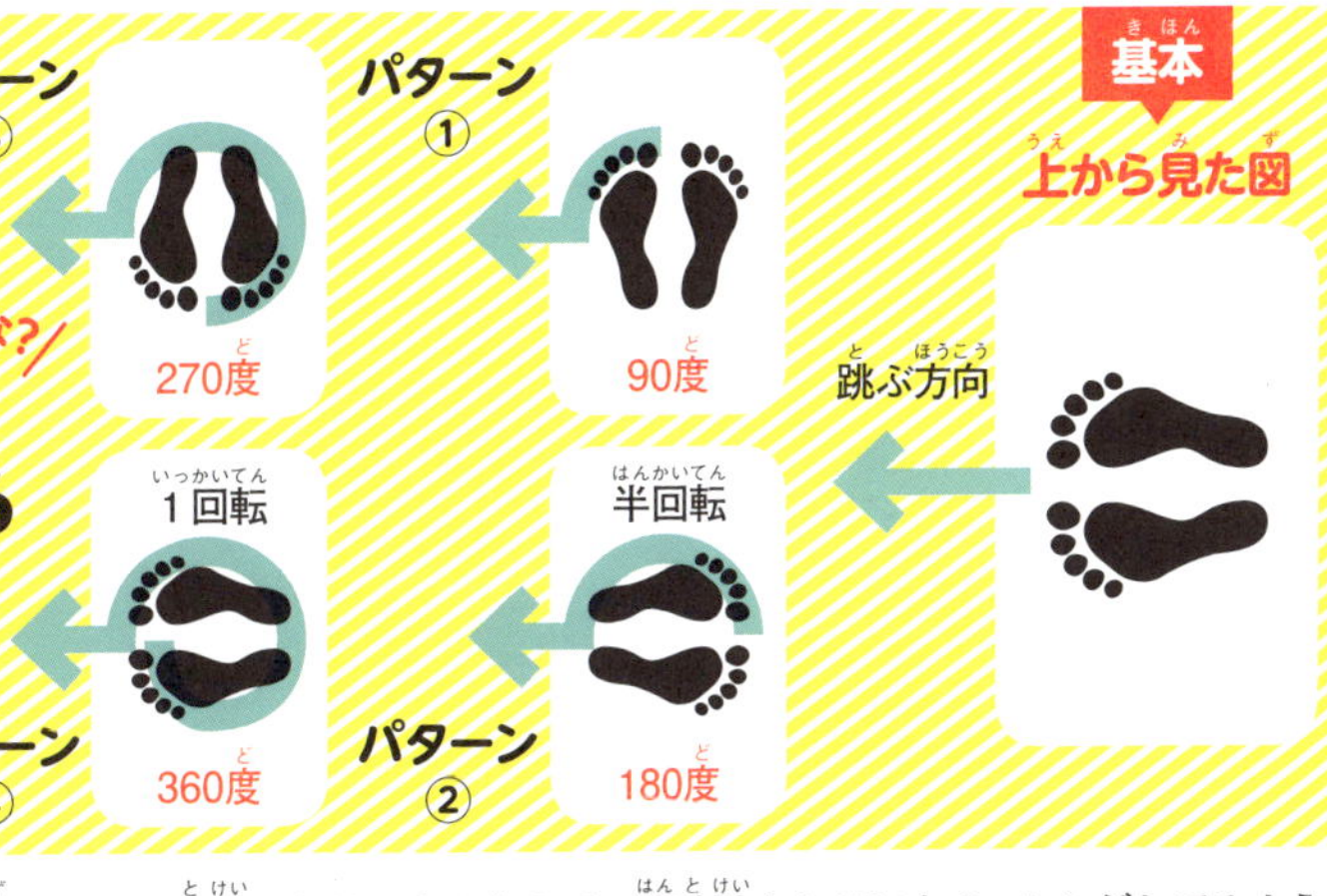
基本《きほん》
上《うえ》から見《み》た図《ず》
跳《と》ぶ方向《ほうこう》
パターン①
90度《ど》
パターン②
半回転《はんかいてん》
180度《ど》
パターン③
270度《ど》
パターン④
1回転《いっかいてん》
360度《ど》

※図《ず》はすべて時計《とけい》まわりのものなので、反時計《はんとけい》まわりにもチャレンジしてみよう

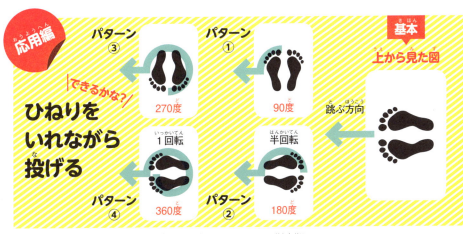

〔マット運動《うんどう》〕連続《れんぞく》ジャンプをしてみよう

ふわふわしているマットの上《うえ》でバランス感覚《かんかく》を身《み》につけましょう。何回《なんかい》、続《つづ》けてできるかな？

POINT
つま先《さき》を立《た》てずきちんと正座《せいざ》をする

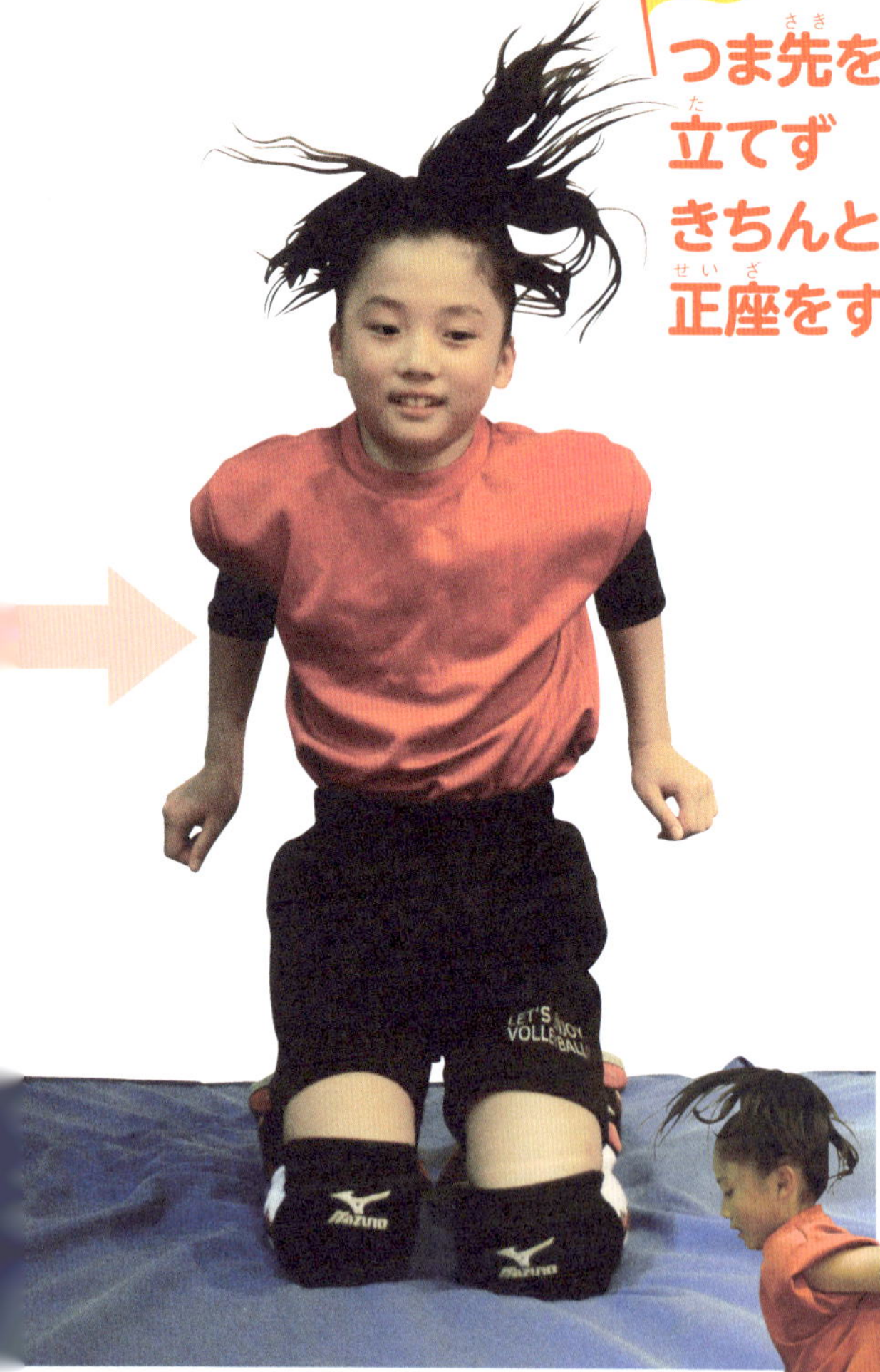

▲マットの上《うえ》にヒザをついて座《すわ》る。この状態《じょうたい》から跳《と》びあがり、ヒザをかかえて足《あし》をつく。これを繰《く》り返《かえ》し行《おこな》う

▶腕《うで》をうしろから前《まえ》に振《ふ》る、バックスイングをしっかり使《つか》う

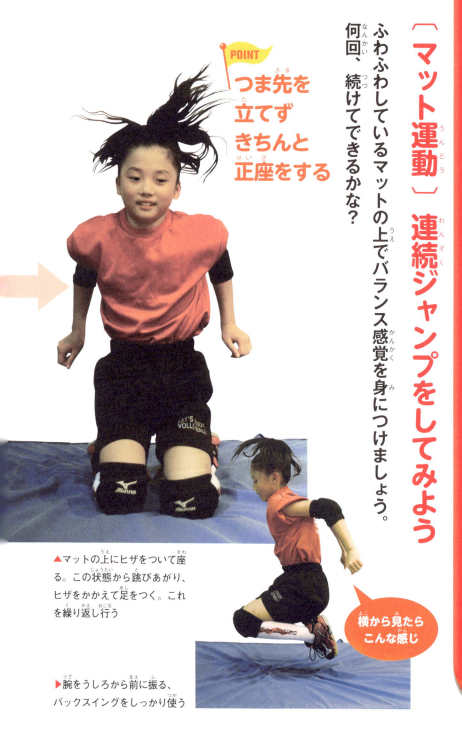

ここを CHECK!

①正座《せいざ》ができているかな？
②バックスイングを使《つか》えている？

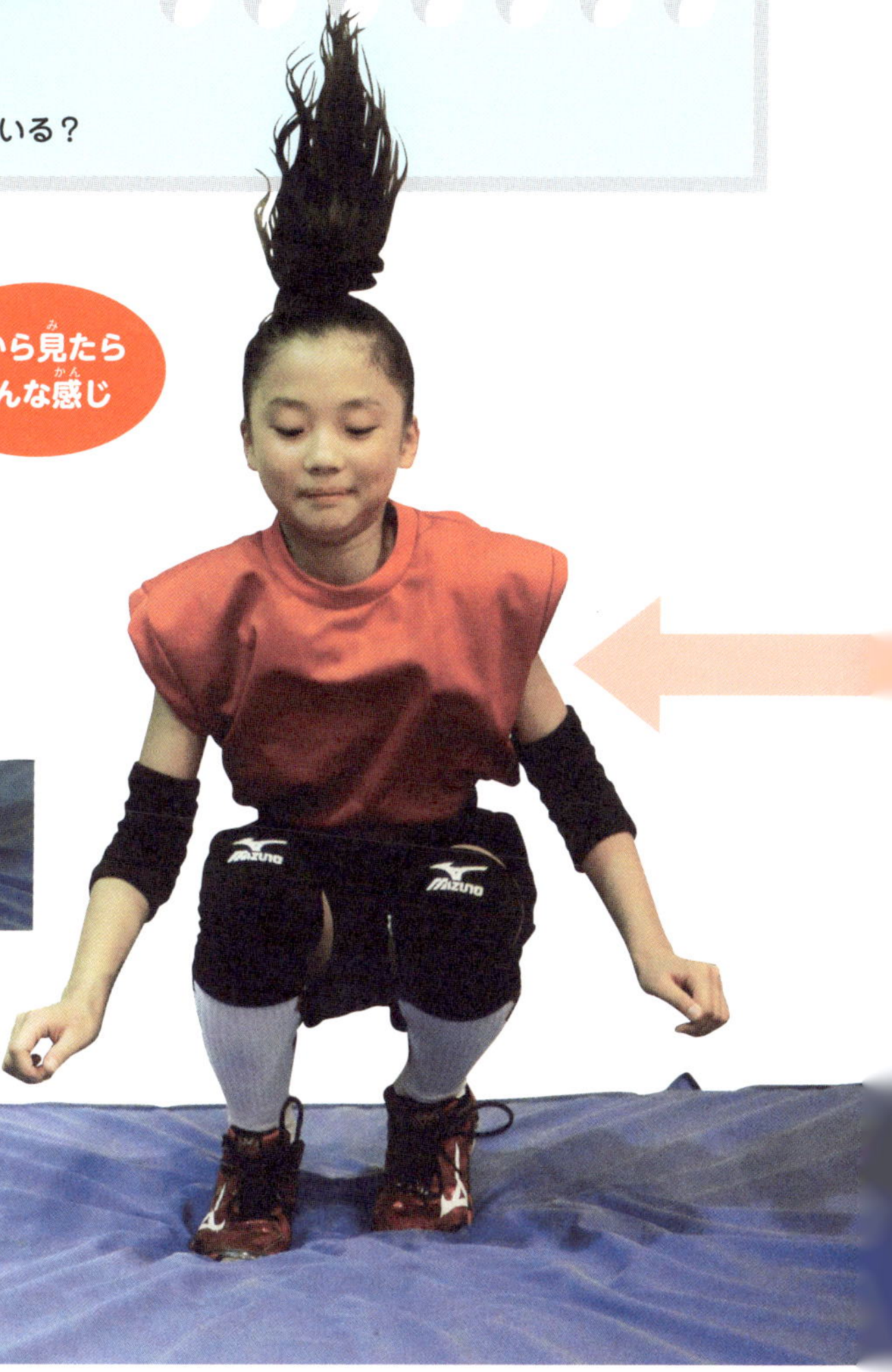

ヒザがひらいている

きちんと正座《せいざ》をしてほしいので、ヒザをひらかないように意識《いしき》してみよう

〔ラダー運動《うんどう》〕かろやかにステップをふむ

ラダーステップはたくさんの種類《しゅるい》があるので、ここでは代表的《だいひょうてき》なものをひとつ紹介《しょうかい》。正《ただ》しく、すばやくやることを意識《いしき》しましょう。

パラレル（前《まえ》）

［足《あし》の運《はこ》び方《かた》］

①〜⑥までが一連《いちれん》の動《うご》きで、
これを繰《く》り返《かえ》していく

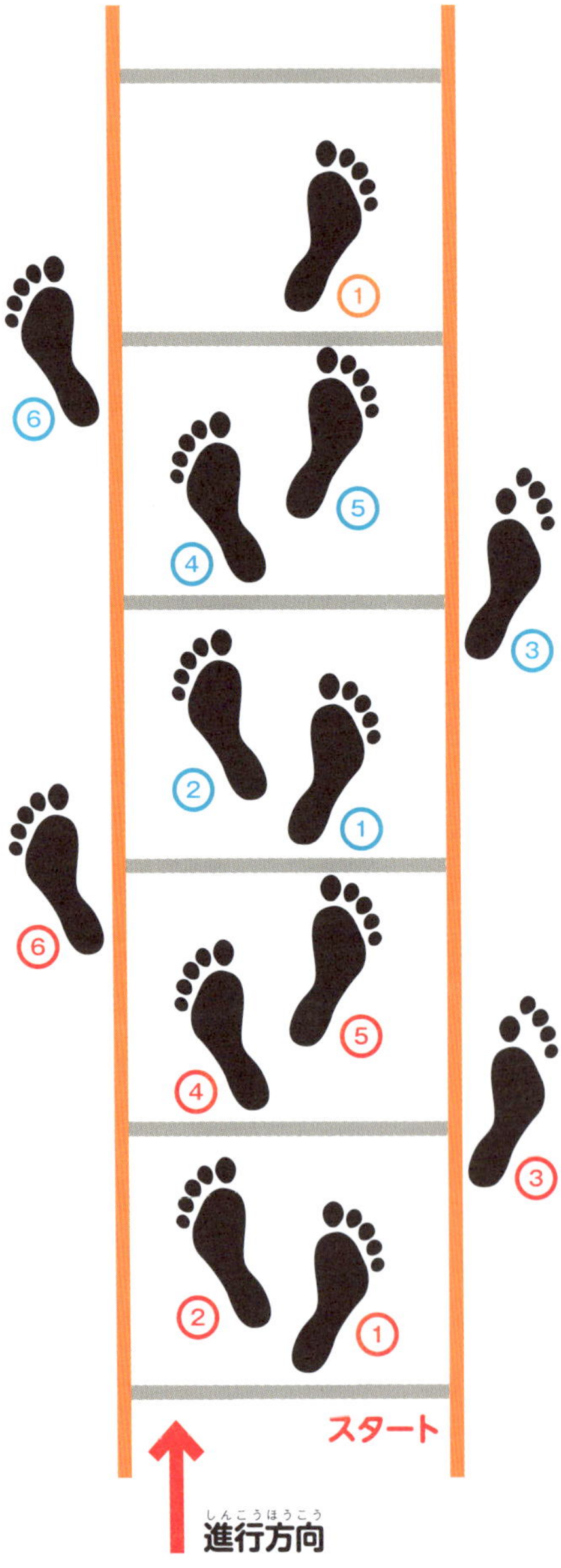

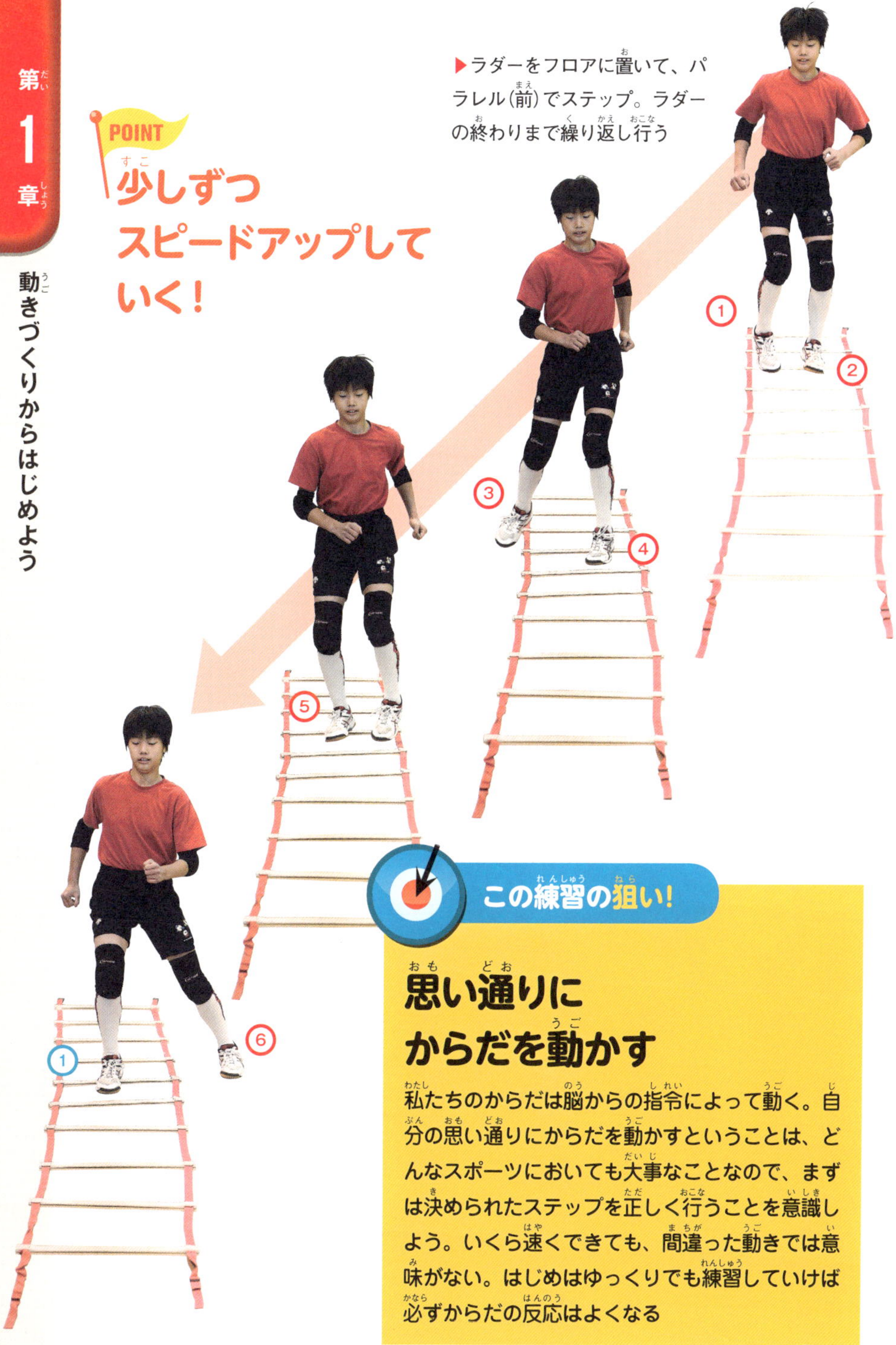

▶ラダーをフロアに置《お》いて、パラレル（前《まえ》）でステップ。ラダーの終《お》わりまで繰《く》り返《かえ》し行《おこな》う

POINT

少《すこ》しずつスピードアップしていく！

この練習《れんしゅう》の狙《ねら》い！

思《おも》い通《どお》りにからだを動《うご》かす

私《わたし》たちのからだは脳《のう》からの指令《しれい》によって動《うご》く。自《じ》分《ぶん》の思《おも》い通《どお》りにからだを動《うご》かすということは、どんなスポーツにおいても大事《だいじ》なことなので、まずは決《き》められたステップを正《ただ》しく行《おこな》うことを意識《いしき》しよう。いくら速《はや》くできても、間違《まちが》った動《うご》きでは意《い》味《み》がない。はじめはゆっくりでも練習《れんしゅう》していけば必《かなら》ずからだの反応《はんのう》はよくなる

第《だい》1章《しょう》 動《うご》きづくりのまとめ

トレーニングは うまくなるための第一歩《だいいっぽ》

プレーを上達《じょうたつ》させるうえで、体力《たいりょく》づくりは大事《だいじ》です。身体能力《しんたいのうりょく》をあげないと、プレーも伸《の》びませんし、バレーボールだけやっていても絶対《ぜったい》にうまくはなりません。

ここではたくさんのトレーニングを紹《しょう》介《かい》しましたが、とくにむずかしいものはありません。私《わたし》たちが子《こ》どものころ、山《やま》や公園《こうえん》に行《い》って遊《あそ》ぶことで自然《しぜん》と身《み》についたことばかりです。基礎的《きそてき》な体力《たいりょく》づくりだと思《おも》ってください。

なかにはきついものもあるでしょうが、回数《かいすう》をこなすことよりも正確《せいかく》にやることを意識《いしき》しましょう。適当《てきとう》にやってもなんの意味《いみ》もありません。また、同《おな》じものを続《つづ》けるとあきてしまうので、5分《ふん》くらいの間隔《かんかく》でローテーションさせていくのもいいでしょう。

ただ跳《と》び箱《ばこ》などを使《つか》うトレーニングでは、ケガをしないように大人《おとな》（指導者《しどうしゃ》）が見《み》ているところでやるようにしてください。

第《だい》2章《しょう》

パス&レシーブを覚《おぼ》える

〔ステップ1〕 片手《かたて》でポンポンできるかな？

動《うご》きづくりができたら、実際《じっさい》にボールをさわってみよう。ボールをうまくコントロールすることは、バレーボールの基本《きほん》です。

▼手《て》をグーに握《にぎ》る。握《にぎ》った手《て》の親指《おやゆび》と人《ひと》さし指《ゆび》のあたりでボールをポンポンとあげる。落《お》とさないように続《つづ》ける

POINT

ココに当《あ》たっているかな？

ボールタッチで感覚《かんかく》を覚《おぼ》えよう！

いよいよここからはボールを使《つか》った実践編《じっせんへん》です。バレーボールにはいろいろなプレーがありますが、まずはボールになれることがはじめの一歩《いっぽ》です。

ボールは丸《まる》いのでいつも同《おな》じ動《うご》きをしてくれるわけではありません。でも、たくさんさわっているうちに、「ここでボールを打《う》つとこうなる」とか「この角度《かくど》でボールをさわるとあっちにいくだろう」とか、感覚《かんかく》でわかるようになります。ここで紹介《しょうかい》するボール遊《あそ》びは1人《ひとり》でできることばかりです。いっぱい練習《れんしゅう》してボールをコントロールできるようになりましょう。そうするとプレーも早《はや》くうまくなります。

〔ステップ2〕手《て》の甲《こう》やパンチングでもやってみよう

ボールを落《お》とさずポンポンできたら、今度《こんど》はいろいろな面《めん》でやってみます。同《おな》じようにコントロールできるかな？

▼手《て》をグーに握《にぎ》り、手《て》の甲《こう》でボールを落《お》とさないようにポンポンする

▶手《て》をグーに握《にぎ》るまでは同《おな》じ。今度《こんど》は手《て》をあげ、グーに握《にぎ》った指《ゆび》の腹《はら》でボールを突《つ》きあげる

ワンポイントアドバイス

左右《さゆう》の手《て》でやろう

得意《とくい》なほうばかりを使《つか》っていると、苦手《にがて》なほうはもっと苦手《にがて》になっていきます。だから、練習《れんしゅう》では必《かなら》ず両方《りょうほう》の手《て》を同《おな》じように使《つか》うようにしましょう。どちらの手《て》でもボールコントロールができるように！

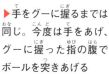

〔ステップ1〕 背面《はいめん》キャッチをしてみよう

むずかしい体勢《たいせい》からボールを投《な》げたり、キャッチしたりする練習《れんしゅう》です。力《ちから》のいれ方《かた》、からだの使《つか》い方《かた》、自分《じぶん》とボールとの距離感《きょりかん》を覚《おぼ》えましょう。

▶自分《じぶん》の前《まえ》に持《も》ったボールを高《たか》く放《ほう》り投《な》げて、背《せ》中側《なかがわ》でキャッチする

POINT

背中《せなか》を丸《まる》めない

前《まえ》かがみになってしまうと、先《さき》に背中《せなか》にボールが当《あ》たってしまう

応用編《おうようへん》

うしろから前《まえ》にも投《な》げてみよう

背面《はいめん》キャッチがうまくできるようになったら、今度《こんど》はうしろから高《たか》く放《ほう》り投《な》げ、前《まえ》で取《と》ってみよう

〔ステップ2〕股《また》を通《とお》して前《まえ》でキャッチ

今度《こんど》はちょっとむずかしい練習《れんしゅう》です。しっかり股《また》のうしろに手《て》を通《とお》してやってみましょう。

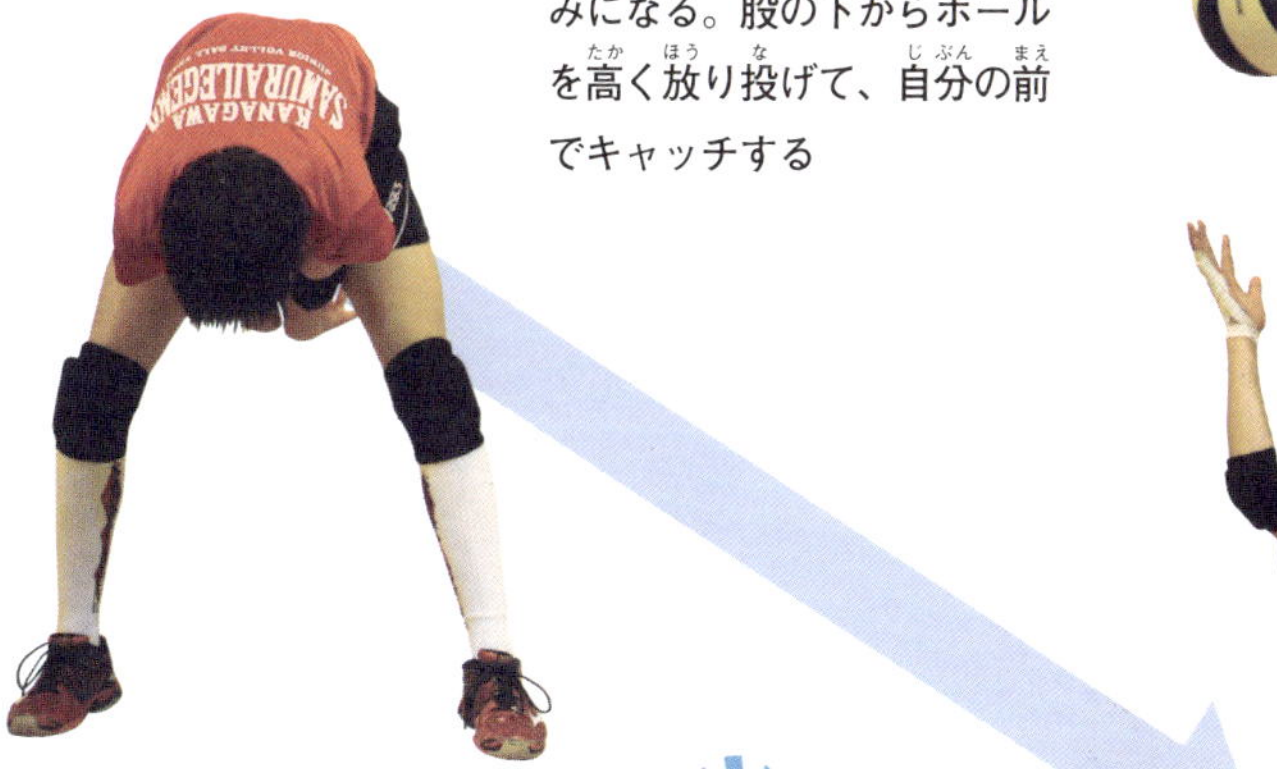

▲足《あし》をひらいて立《た》ち、前《まえ》かがみになる。股《また》の下《した》からボールを高《たか》く放《ほう》り投《な》げて、自分《じぶん》の前《まえ》でキャッチする

POINT 手首《てくび》のスナップをきかせる

スナップをしっかりきかせないと、お尻《しり》にボールが当《あ》たってしまう

〔ステップ3〕股《また》のあいだで連続《れんぞく》キャッチ

1人《ひとり》でできるボールキャッチの最後《さいご》は、股《また》のあいだで持《も》ったボールを落《お》とさないように交互《こうご》の手《て》で持《も》ちかえる練習《れんしゅう》です。うまくできるかな？

ボールが浮《う》いているあいだに手《て》をすばやくいれかえる
左手《ひだりて》は前《まえ》から、右手《みぎて》はうしろから股《また》を通《とお》す

▲足《あし》を肩幅《かたはば》より広《ひろ》くひらき軽《かる》くヒザをまげる。片方《かたほう》の手《て》は前《まえ》から出《だ》し、もう片方《かたほう》の手《て》はうしろから股《また》を通《とお》してボールを持《も》つ。そこから手《て》を放《はな》してボールが落《お》ちる前《まえ》に、持《も》つ手《て》をいれかえる。これを繰《く》り返《かえ》し行《おこな》う

ワンポイントアドバイス

ヒザをやわらかく使《つか》う

ボールを落《お》とさないようにするために、ヒザをやわらかくまげ伸《の》ばしながらテンポよく行《おこな》うことが大事《だいじ》

できたかな?
同《おな》じように手《て》を放《はな》し、もとに戻《もど》る
右手《みぎて》が前《まえ》から、左手《ひだりて》はうしろから股《また》を通《とお》していればOK!

足《あし》ジャンケンのグー・パーで、自分《じぶん》にあった足幅《あしはば》を見《み》つけよう

ボールにすばやく反応《はんのう》するためには、すぐに動《うご》ける体勢《たいせい》をつくることが大切《たいせつ》。スタンスは広《ひろ》すぎてもせますぎてもいけません。

理想的《りそうてき》なかまえ

左右前後《さゆうぜんご》、どの方向《ほうこう》にも行《い》きやすいフラットな状態《じょうたい》

ここを CHECK!

①つま先《さき》が前《まえ》を向《む》いている
②両足《りょうあし》がまっすぐそろっている
③両足《りょうあし》の親指《おやゆび》のつけ根《ね》（拇指球《ぼしきゅう》）に体重《たいじゅう》が乗《の》っている

足《あし》を平行《へいこう》にしてまっすぐ（赤《あか》ラインで示《しめ》したように直角《ちょっかく》）にするのは、一番動《いちばんうご》きやすいから。基本《きほん》のかまえなので、前《まえ》、うしろ、右《みぎ》、左《ひだり》のどこにでも行《い》きやすいようにラクにかまえる

足《あし》が前後《ぜんご》になっている

左右《さゆう》どちらかに体重《たいじゅう》がかかるため、逆《ぎゃく》サイドのボールに弱《よわ》い

足《あし》が外側《そとがわ》になっている

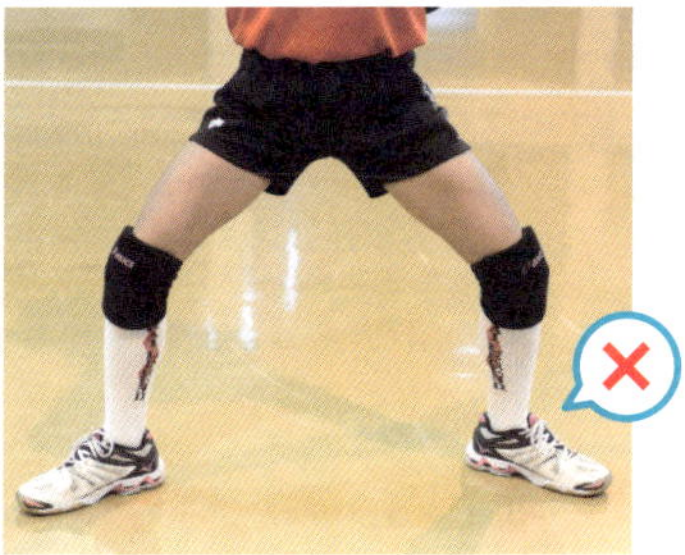

拇指球《ぼしきゅう》に体重《たいじゅう》が乗《の》っていないため、力《ちから》が外《そと》にぬけてしまう

足《あし》が内側《うちがわ》にはいっている

股関節《こかんせつ》がなかにはいってしまい、うしろに行くときに遅《おそ》くなる

ワンポイントアドバイス

スタンスの見《み》つけ方《かた》

グー・パー・グー・パーを繰《く》り返《かえ》して、一番《いちばん》力《ちから》がはいりやすい幅《はば》でかまえるようにする

基本《きほん》のかまえ② ポジション別《べつ》

守《まも》る位置《いち》によってかまえを変《か》えよう

かまえ方《かた》は自分《じぶん》がいる場所《ばしょ》によって違《ちが》います。基本《きほん》のかまえを応用《おうよう》してやってみましょう。

▲アタックラインよりうしろでかまえるとき

▲エンドラインの前《まえ》でかまえるとき

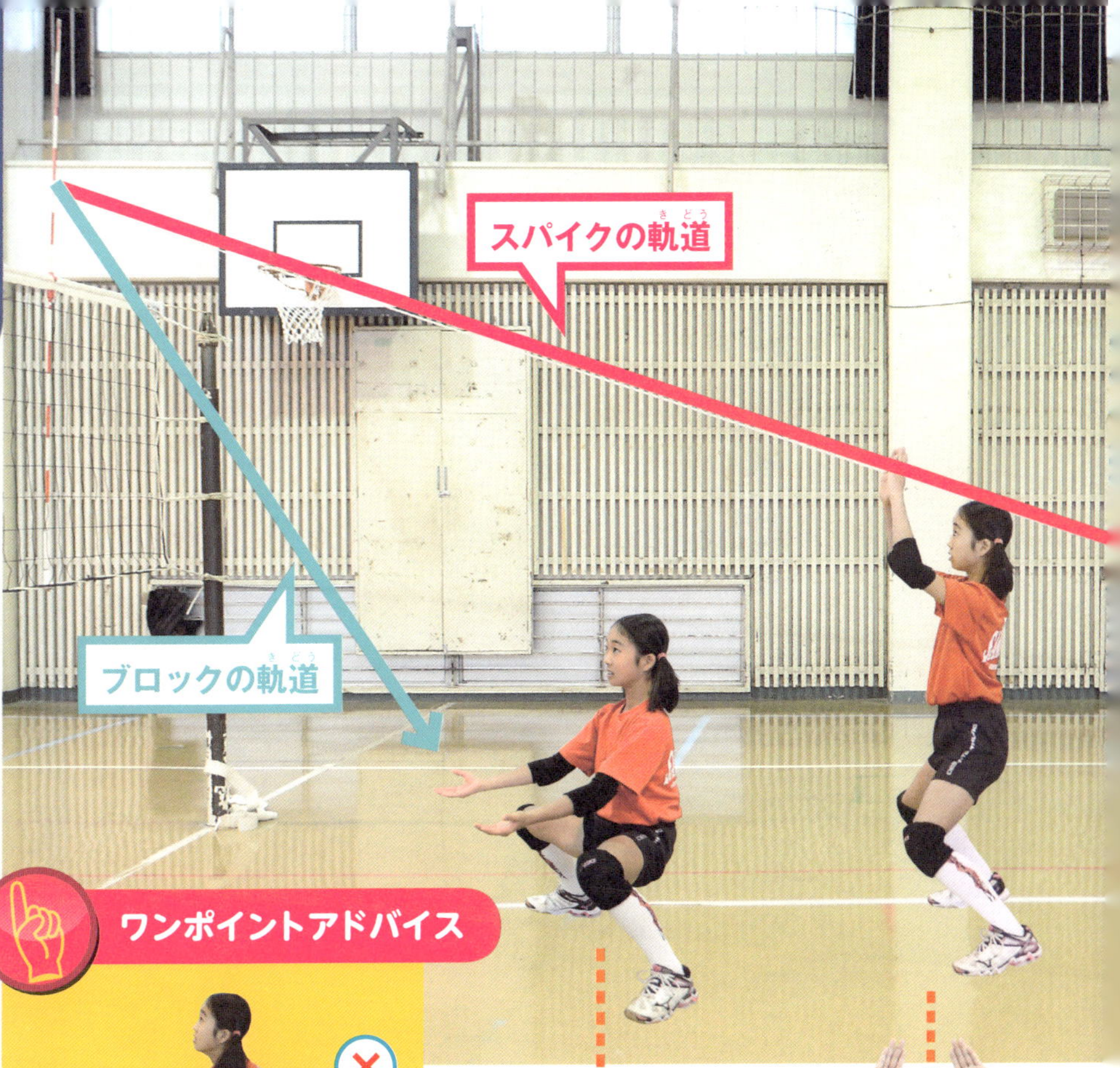
スパイクの軌道《きどう》
ブロックの軌道《きどう》

ワンポイントアドバイス

フォローは前《まえ》かがみにならないように

ブロックフォローは真下《ました》に落《お》ちてくるボールをあげるので、からだが前《まえ》に倒《たお》れているとボールも前《まえ》に飛《と》んでしまう。上《うえ》の写真《しゃしん》のように前《まえ》かがみにならないようにする

▲アタックラインより前《まえ》でかまえるとき（フォロー）

▲アタックラインくらいでかまえるとき

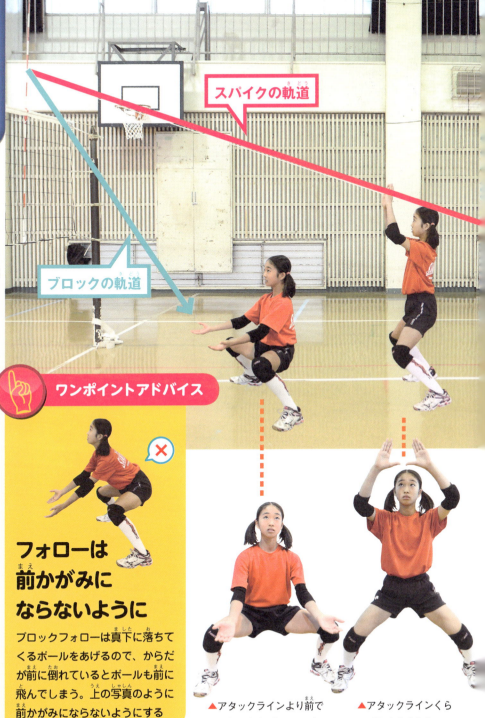

基本《きほん》のアンダーハンドパス① 手《て》の組《く》み方《かた》

アンダーハンドを覚《おぼ》えよう

かまえた状態《じょうたい》から胸《むね》より下《した》に来《き》たボールはアンダーハンドパスでひろいます。まずは3種類《しゅるい》の手《て》の組《く》み方《かた》を紹介《しょうかい》しよう。

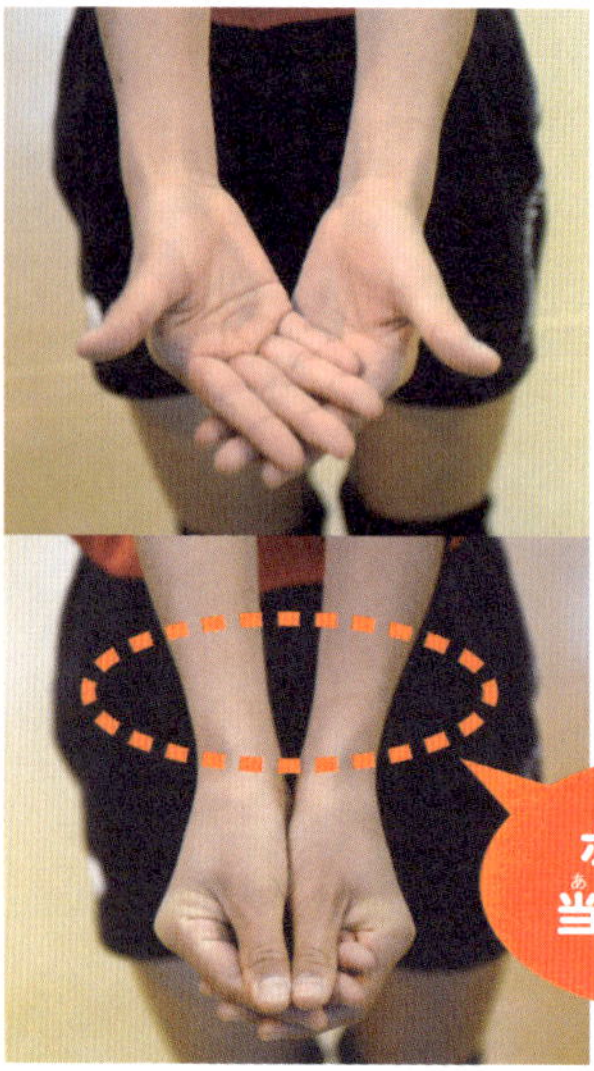

組《く》み方《かた》 1

▶両手《りょうて》をひらいて右手《みぎて》を上《うえ》にしてクロスに重《かさ》ねる

ここを CHECK!

指先《ゆびさき》が下《した》を向《む》いている？

パスはバレーボールの基本《きほん》

バレーボールは、3回以内《かいいない》のヒットで相手《あいて》チームに返球《へんきゅう》しないといけないスポーツです。

3回《かい》のプレーのうち、1回《かい》はスパイク（攻撃《こうげき》）ですが、残《のこ》りの2回《かい》はディグ、レセプション、トスなどの〝つなぐプレー〟になります。

つまりスパイクよりもアンダーハンドやオーバーハンドを使《つか》う回数《かいすう》が多《おお》いわけです。この2つのプレーがうまくなると、思《おも》ったところにパスが出《だ》せるようになるので、スパイカーも打《う》ちやすくなりますし、結果的《けっかてき》にほかのプレーも上達《じょうたつ》していきます。

組《く》み方《かた》3

▼小指《こゆび》と薬指《くすりゆび》をクロスさせて握《にぎ》る

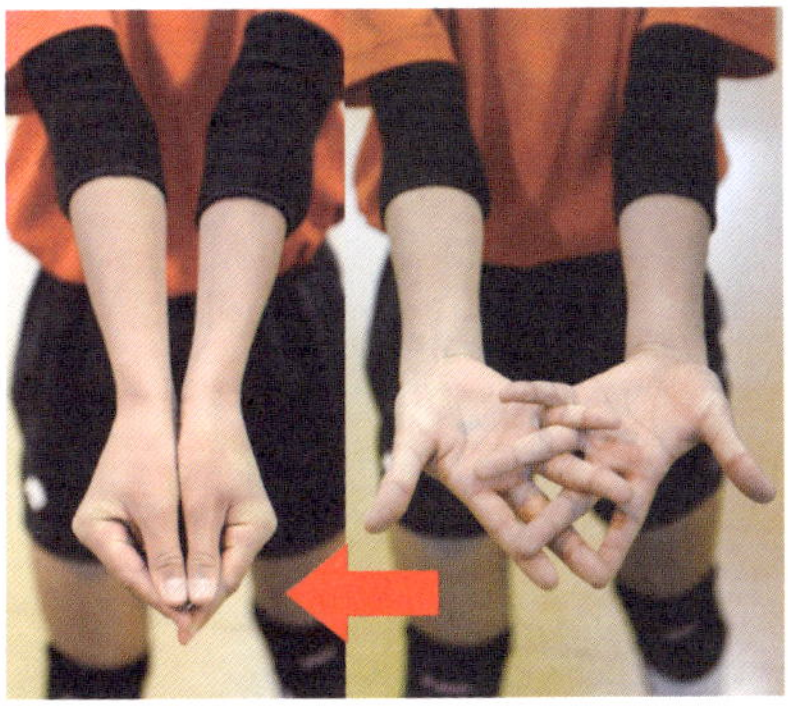

組《く》み方《かた》2

▼右手《みぎて》をグーにして左手《ひだりて》で包《つつ》み込《こ》む

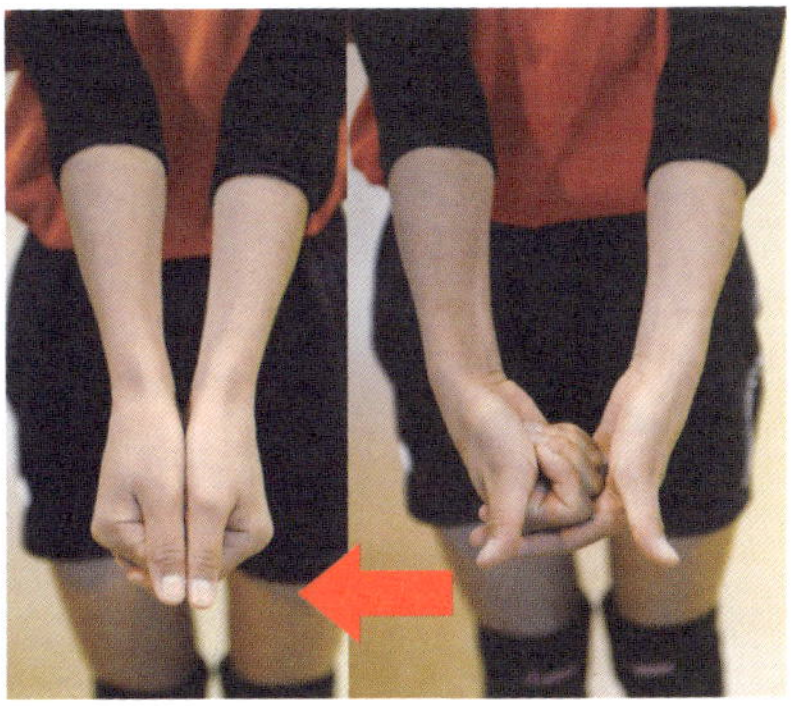

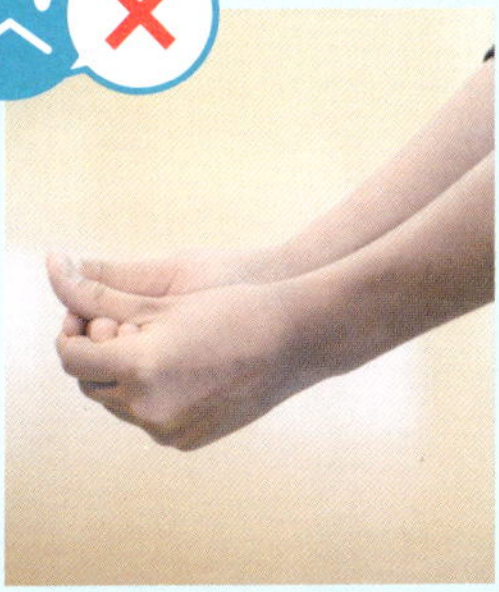

手首《てくび》がそっている

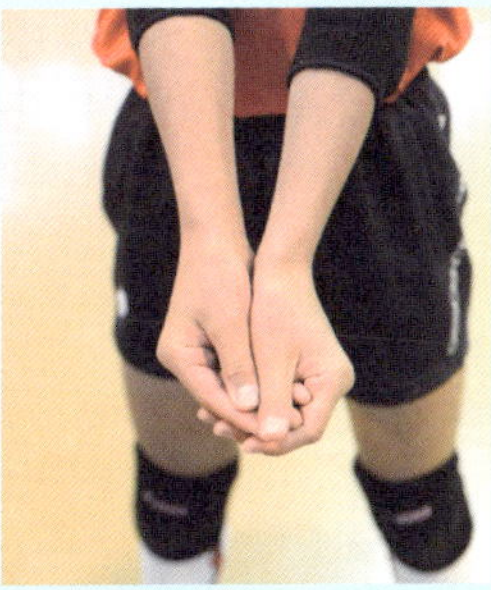

親指《おやゆび》がズレる

親指《おやゆび》を握《にぎ》る

練習法《れんしゅうほう》 うまく手《て》を組《く》めない人《ひと》は？

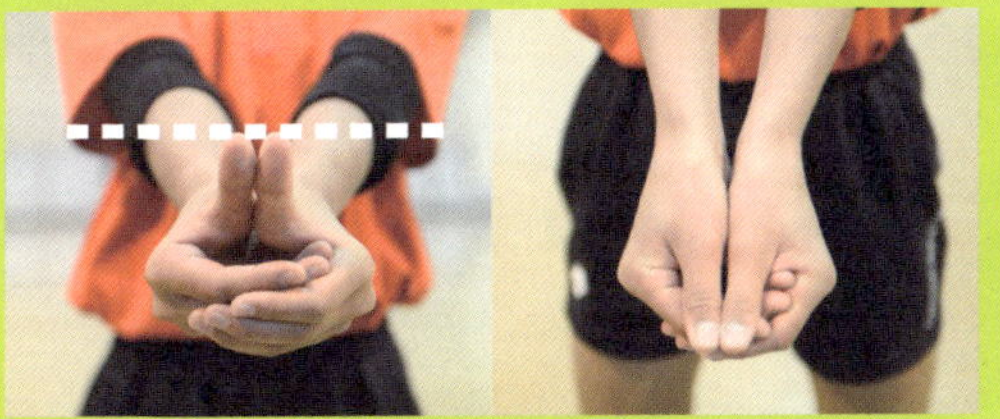

①親指《おやゆび》を立《た》ててから下《お》ろす

親指《おやゆび》のラインをそろえてから下《お》ろすと、ボールを当《あ》てる面《めん》がそろう

②棒《ぼう》を持《も》って組《く》んでみる

小指《こゆび》と薬指《くすりゆび》だけで棒《ぼう》を持《も》って、面《めん》をそろえる意識《いしき》をつくる

基本《きほん》のアンダーハンドパス②　足《あし》の送《おく》り方《かた》

ゆっくりきたボールを正確《せいかく》に返《かえ》す

パスは次《つぎ》の人《ひと》があげやすいボールにすることが大事《だいじ》です。そのためにも基本《きほん》のステップを覚《おぼ》えましょう。

基本《きほん》のかまえ

前《まえ》から

横《よこ》から

軸《じく》がズレている&ヒザが伸《の》びている

ボールを取《と》る位置《いち》がからだの中心《ちゅうしん》からズレている。またヒザが伸《の》びていると手《て》ぶりになってしまう

つま先《さき》が目標《もくひょう》に向《む》いていない

ボールを送《おく》ることができない

POINT
自分《じぶん》のヒザのなかでボールをひろう

▲うしろに引《ひ》いた足《あし》と一緒《いっしょ》にボールを送《おく》る

▲目標《もくひょう》に対《たい》してつま先《さき》を向《む》ける

▲ボールが来《き》たほうの足《あし》を引《ひ》く

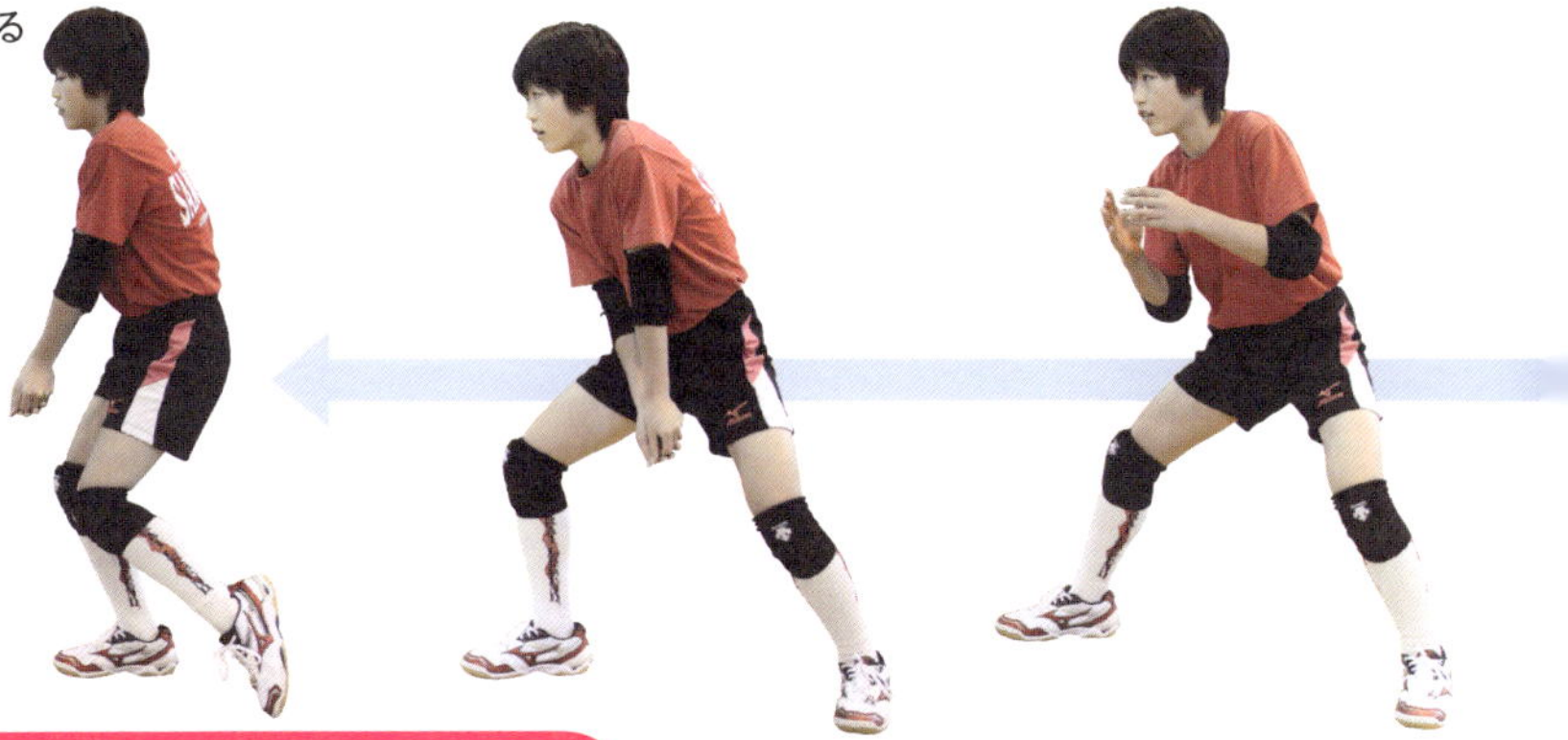

ワンポイントアドバイス

スピードと力《ちから》は足《た》し算《ざん》で考《かんが》える

ここで紹介《しょうかい》した足《あし》の運《はこ》びは、ゆっくり来《き》たボールに対《たい》してスピードをつけて返《かえ》すためのステップです。もし３のスピードでボールが来《き》たら、７くらいの力《ちから》で返《かえ》す。逆《ぎゃく》に７のスピードで来《き》たボールには、３くらいの力《ちから》で返《かえ》すようにする。「スピード」と「力《ちから》の加減《かげん》」は、足《た》して10になるのが理想的《りそうてき》

重心《じゅうしん》移動《いどう》を覚《おぼ》えよう

ボールをうまく送《おく》れない人《ひと》は、ピンポイントで矯正《きょうせい》していきましょう。

POINT
お尻《しり》をあげずに平行移動《へいこういどう》していく

POINT
パイプイスに4分《ぶん》の1ほど腰《こし》かける

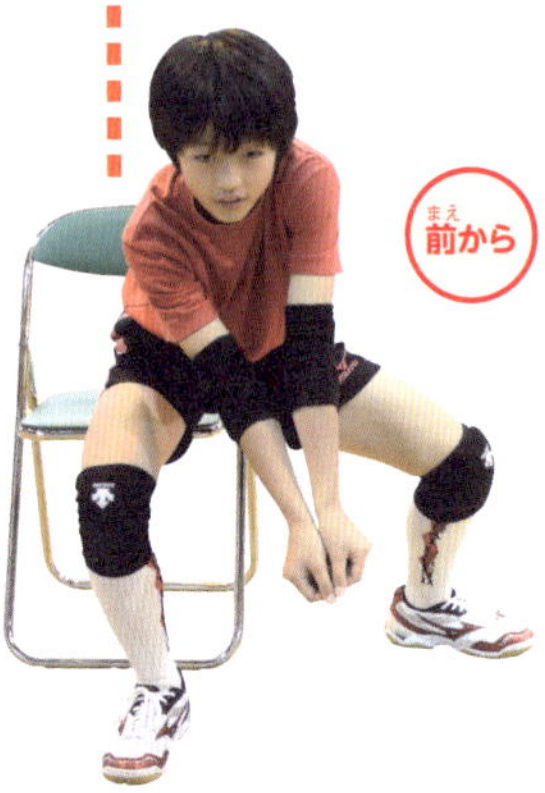

手を動かさずにキャッチ&リリース

せっかく重心移動ができても手ぶりになってしまっては台無しです。ゴムを使うことで、ボールを取って送り出すイメージを身につけましょう。

上半身をゴムで固定

必ず両サイドできるように練習しよう！

イチ！

POINT 引いた足（左足）のなかでボールを捕らえる

ニー！

サ〜ン

POINT ボールを飛ばしたい方向に右足を出す

POINT 左足で押し出すイメージでボールを投げる

長《なが》く伸《の》びたボールを下《さ》がって取《と》ろう

足《あし》の送《おく》りをマスターしたら、今度《こんど》はうしろに伸《の》びてくるボールをバックステップでひろってみましょう。

POINT 1歩《ほ》目《め》がうしろに出《で》る

▲ボールが来《き》たほうの足《あし》を引《ひ》く

▲基本《きほん》のかまえ

2段階《だんかい》になる

足《あし》が出《で》る前《まえ》に方向転換《ほうこうてんかん》しているため、うしろに下《さ》がるのが遅《おそ》くなる

▼うしろに足《あし》をつく

▲ボールを前《まえ》に送《おく》りながら、重心《じゅうしん》を前足《まえあし》に移《うつ》す

▲うしろ足《あし》に重心《じゅうしん》を移《うつ》し、手《て》を組《く》む

参考《さんこう》ページ
P.10～11
外《そと》まわし(うしろ)

ワンポイントアドバイス

股関節《こかんせつ》をやわらかく

スムーズに1歩目《ほめ》をうしろに出《だ》すためには、股関節《こかんせつ》をやわらかくする必要《ひつよう》がある。第《だい》1章《しょう》で紹介《しょうかい》した「ブラジル体操《たいそう》」の外《そと》まわし（うしろ）をやっておこう

うしろ重心《じゅうしん》になる

体重《たいじゅう》がうしろにかかると、ボールを送《おく》れない

胸《むね》より高《たか》いボールはオーバーを使《つか》おう

アンダーハンドの次《つぎ》は、オーバーハンドを練習《れんしゅう》します。つねに安定《あんてい》したパスを出《だ》すために、きれいな形《かたち》から覚《おぼ》えましょう。

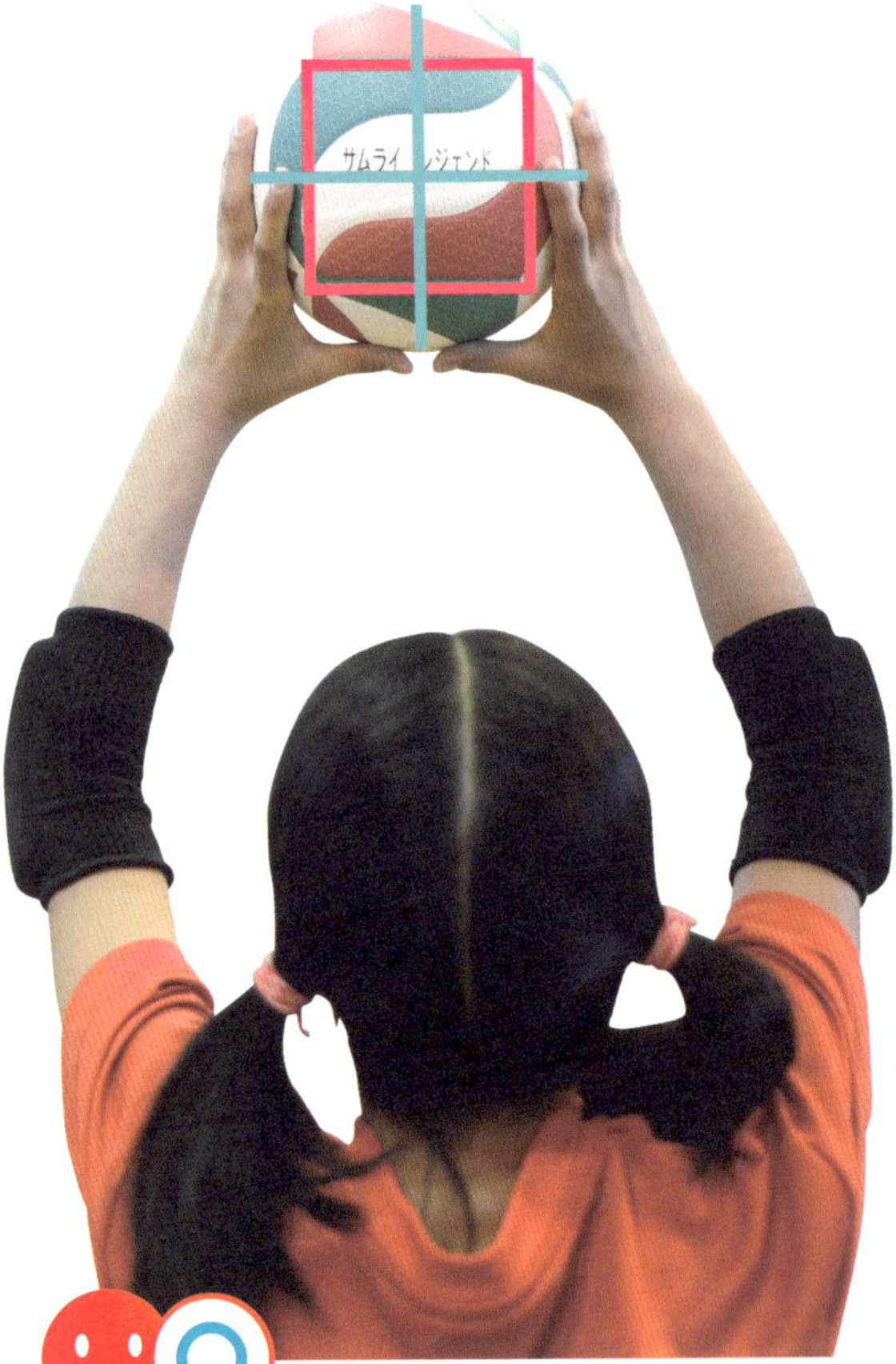

親指《おやゆび》と人《ひと》さし指《ゆび》で四角《しかく》をつくる

ボールの下《した》と側面《そくめん》をしっかり捕《と》らえることでより安定《あんてい》する

前《まえ》から見《み》たらこんな感《かん》じ

練習法《れんしゅうほう》

正《ただ》しい形《かたち》のつくり方《かた》

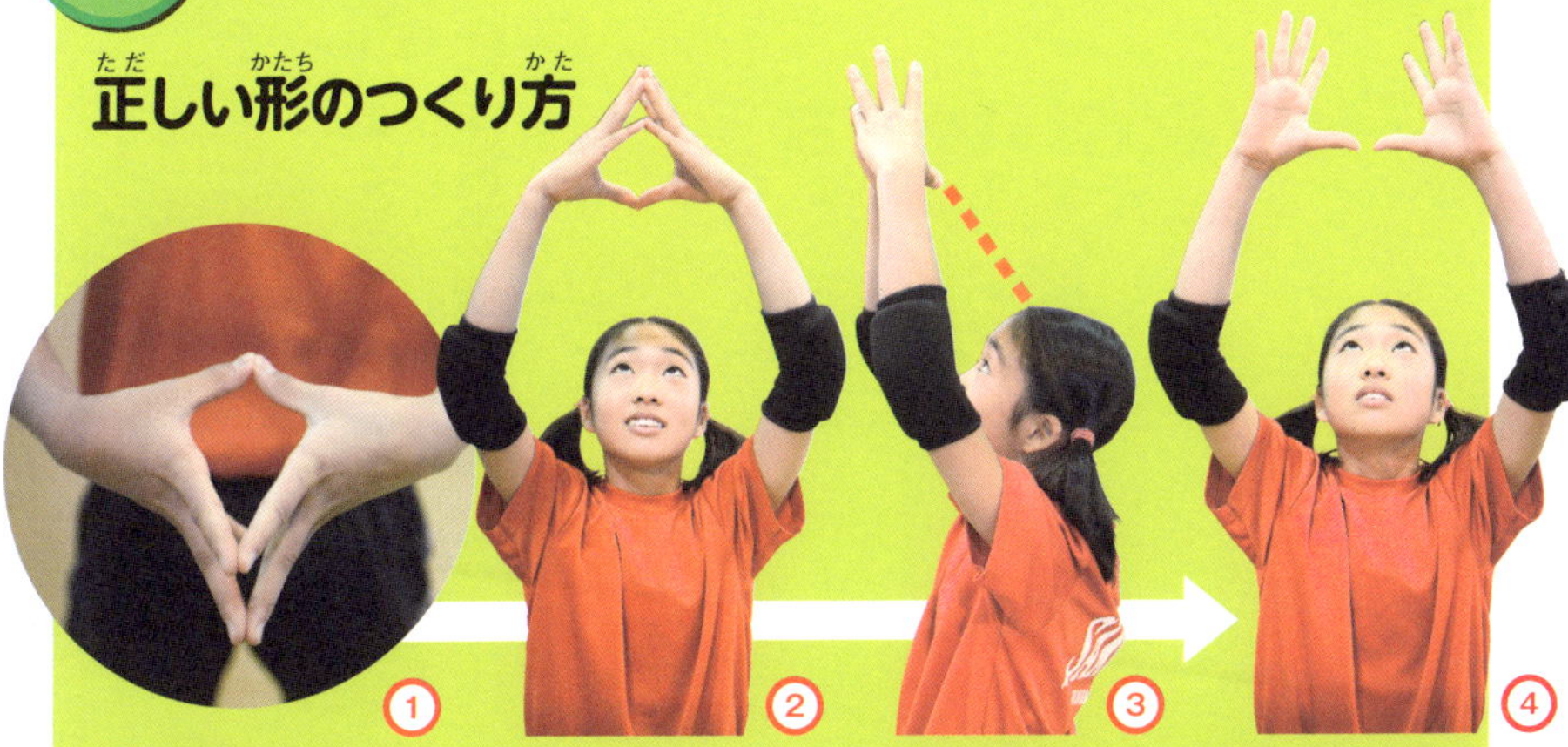

①指先《ゆびさき》を5本《ほん》そろえ、親指《おやゆび》と人《ひと》さし指《ゆび》を平《たい》らにする
②手《て》の形《かたち》を変《か》えないようにしてあげる
③生《は》えぎわの延長線《えんちょうせん》に手《て》が来《く》るように。これが正《ただ》しいポジション
④最後《さいご》に指《ゆび》を広《ひろ》げる

コントロールしづらい

親指《おやゆび》がなかにはいっている

側面《そくめん》を捕《と》らえていない

取《と》る位置《いち》が低《ひく》い

あげる場所《ばしょ》が見《み》づらくなる

軸《じく》がズレている

取《と》る位置《いち》がうしろすぎる

ボールに力《ちから》が伝《つた》わりにくくキャッチボールの反則《はんそく》を取《と》られやすい

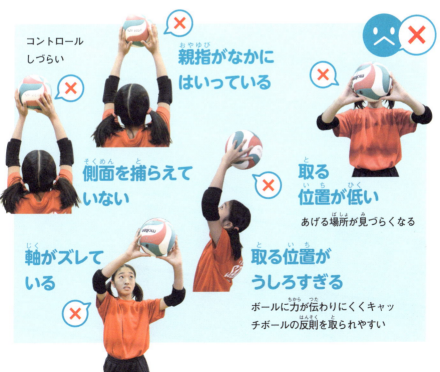

手首《てくび》のひねりを使《つか》ってボールを飛《と》ばす

正《ただ》しいかまえを覚《おぼ》えたら、今度《こんど》は手首《てくび》の動《うご》きをマスターしましょう。上手《じょうず》に手首《てくび》を使《つか》えるかな？

ここを CHECK!

親指《おやゆび》を使《つか》っているかな？

POINT

側面《そくめん》に中指《なかゆび》がタッチしている

横《よこ》から

①スタートのかまえ

②ボールが手《て》のなかにはいったら、親指《おやゆび》を引《ひ》く

前《まえ》から

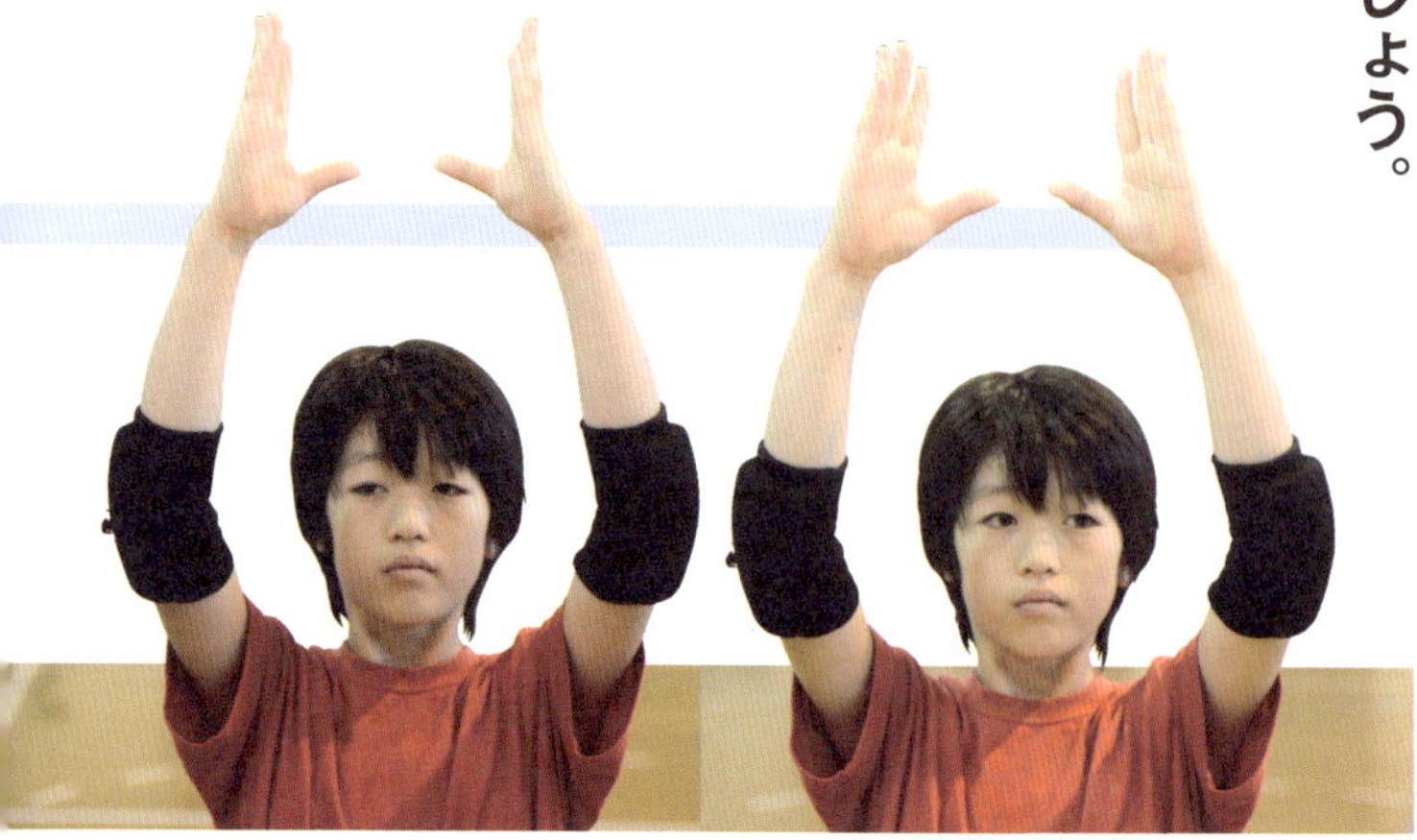

ワンポイントアドバイス

6本《ぽん》の指《ゆび》を使《つか》う

手首《てくび》の前後《ぜんご》の動《うご》き（前屈《ぜんくつ》、背屈《はいくつ》）ではなく、ひねり（回旋《かいせん》）を使《つか》ってボールを飛《と》ばす。左右《さゆう》の親指《おやゆび》、人《ひと》さし指《ゆび》、中指《なかゆび》の計《けい》6本《ぽん》で同時《どうじ》にボールにタッチする

⑤横《よこ》から見《み》て手《て》のひらが見《み》えるくらいまでしっかり手《て》首《くび》を返《かえ》す

④親指《おやゆび》をさらに外側《そとがわ》にひらいていく

③親指《おやゆび》からボールを外《そと》に押《お》し出《だ》す

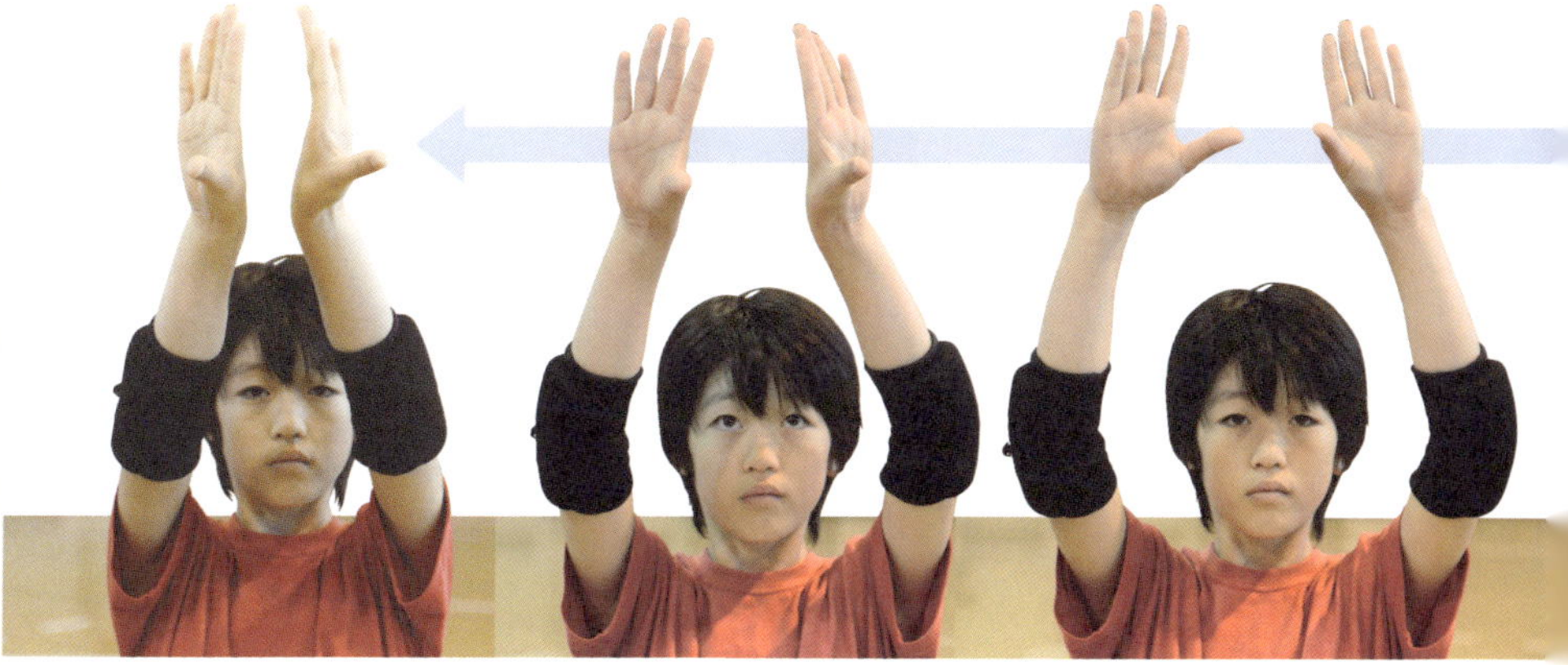

基本《きほん》のオーバーハンドパス③ 足《あし》の送《おく》り方《かた》

オーバーパスを自由自在《じゆうじざい》にあやつろう

手首《てくび》の動《うご》きはどれも同《おな》じですが、足《あし》を使《つか》うことで短《みじか》いパス、長《なが》いパスを使《つか》いわけます。

①基本《きほん》のかまえ

②ボールの下《した》にはいり、飛《と》ばしたい方向《ほうこう》につま先《さき》を向《む》ける

ハイセット（高《たか》いトス）は足《あし》をいれかえて飛《と》ばす

右足《みぎあし》を前《まえ》にしてボールの下《した》にはいるまでは同《おな》じだが、右足《みぎあし》で強《つよ》くけりあげてボールを遠《とお》くに飛《と》ばす（より多《おお》く力《ちから》を加《くわ》える）

ワンポイントアドバイス

目標《もくひょう》につま先《さき》を向《む》ける

オーバーハンドパスへのはいり方《かた》は、左右《さゆう》どちらの足《あし》からでもいいが、セッターの場合《ばあい》は右足《みぎあし》を軸《じく》にするのがいい。また、つま先《さき》は飛《と》ばしたい方向《ほうこう》にしっかり向《む》けると安定《あんてい》したパスになる

POINT

右足《みぎあし》のかかとが少《すこ》し浮《う》く

③前傾姿勢《ぜんけいしせい》でボールを送《おく》り出《だ》す

つま先《さき》が目標《もくひょう》に向《む》いていない

ボールを送《おく》ることができない

体重《たいじゅう》がうしろに残《のこ》っている

ボールに力《ちから》が加《くわ》わらない

応用編《おうようへん》

バックパスは親指《おやゆび》で突《つ》き出《だ》す

右足《みぎあし》を前《まえ》にしてボールの下《した》にはいるまでは同《おな》じ（写真《しゃしん》①）。重心《じゅうしん》は前《まえ》に行《い》きながら、腕《うで》をそるのではなく真上《まうえ》に出《だ》し（写真《しゃしん》②）、親指《おやゆび》の先《さき》で突《つ》き出《だ》すことでうしろに飛《と》ばす（写真《しゃしん》③）

ディグのためのステップを練習《れんしゅう》しよう

スパイクレシーブ（ディグ）がうまくなる足《あし》の運《はこ》び方《かた》も紹介《しょうかい》します。

レシーブは反応《はんのう》が大事《だいじ》

パスとディグはいずれもアンダーハンド、オーバーハンドを使《つか》いますが、意味合《いみあ》いがまったく違《ちが》います。

つなぐことを目的《もくてき》としたパスは正確《せいかく》性《せい》が求《もと》められますが、相手《あいて》の攻撃《こうげき》を受《う》けるディグはボールにすばやく反応《はんのう》することが大切《たいせつ》です。

ディグの上手《じょうず》な人《ひと》は、つねに準備《じゅんび》（かまえ）をしていますし、相手《あいて》の打《う》ち方《かた》を見《み》てからの反応《はんのう》が速《はや》いです。ディグ練習《れんしゅう》はもちろんですが、「耳《みみ》と目《め》の運動《うんどう》」（第《だい》1章《しょう》の24～25ページ）でふだんから反射神経《はんしゃしんけい》をきたえておきましょう。

①サイドステップ

左右《さゆう》に来《き》たスパイクは横移動《よこいどう》のステップを使《つか》う

②ヒザつき

低《ひく》くて強《つよ》いボールは、ヒザをいれてひろう

POINT

ボールが来《き》たほうの足《あし》を1歩《ぽ》、出《だ》す

◀かまえた状態《じょうたい》から低《ひく》い強打《きょうだ》を打《う》ってもらい、ヒザをついて取《と》る

▼かまえた状態《じょうたい》から左右《さゆう》に強打《きょうだ》を打《う》ってもらい、横《よこ》の2ステップでひろう

参考《さんこう》ページ
P.42～43

基本《きほん》のかまえ② ポジション別《べつ》

守《まも》る位置《いち》、相手《あいて》の打球《だきゅう》によってスタートのかまえが変《か》わる。ポジション別《べつ》のかまえを復習《ふくしゅう》しておこう

POINT
ヒザをいれてボールの下《した》にはいり、からだを立《た》てる

導入編《どうにゅうへん》

手《て》をついてヒザをいれる

ヒザつきができない人《ひと》は、手《て》をついてヒザをいれて立《た》ちあがる練習《れんしゅう》からはじめる

からだの外《そと》に来《き》たボールは面《めん》で取《と》る

サイドステップ、ヒザつきレシーブで間《ま》に合《あ》わないような強打《きょうだ》は、三角《さんかく》の面《めん》をつくって取《と》るようにしましょう。

POINT

肩《かた》をいれる

三角形《さんかくけい》の面《めん》ができる

ねらったところにコントロールできる

片手《かたて》になる

正確性《せいかくせい》に欠《か》ける

手首《てくび》をこねる

面《めん》づくりできないとコントロールできない

POINT

ヒジからいれる

右《みぎ》から来《き》たボールは左《ひだり》ヒジからいれる。
左《ひだり》から来《き》たボールは右《みぎ》ヒジからいれる

▲ボールが来《き》たほうの足《あし》に重心《じゅうしん》を乗《の》せ、ヒジをいれていくイメージで面《めん》をつくる

先《さき》に手《て》を組《く》む

動作《どうさ》がにぶくなる。
オーバーに反応《はんのう》できない

肩《かた》がはいっていない

からだの前《まえ》で取《と》れない。面《めん》が上《うえ》を向《む》くのでボールがうしろにそれる

オーバーカットをやってみよう

高《たか》い軌道《きどう》のボールをアンダーハンドでレシーブするとはじいてしまうので、オーバーハンドの練習《れんしゅう》をしておきましょう。

ディグのときのオーバーハンド

三角《さんかく》の窓《まど》をつくる

速《はや》いボールはボールがぬけていかないように親指《おやゆび》と人《ひと》さし指《ゆび》で三角《さんかく》をつくるようにする

練習法《れんしゅうほう》

ヘディングで感覚《かんかく》をつかむ

からだの中心《ちゅうしん》でボールを取《と》るため、ステップを使《つか》ってヘディングする。うまくできたら、ボールの下《した》にはいれている、ということ。

参考《さんこう》ページ
P.58～59
サイドステップ

UP! レベルアップ★レッスン

さらに速《はや》いボールは親指《おやゆび》をクロス

高《たか》くて左右《さゆう》に来《く》る強《つよ》いスパイクはアンダーハンドを使《つか》うとはじいてしまう。親指《おやゆび》をクロスさせてボールがぬけないようにする

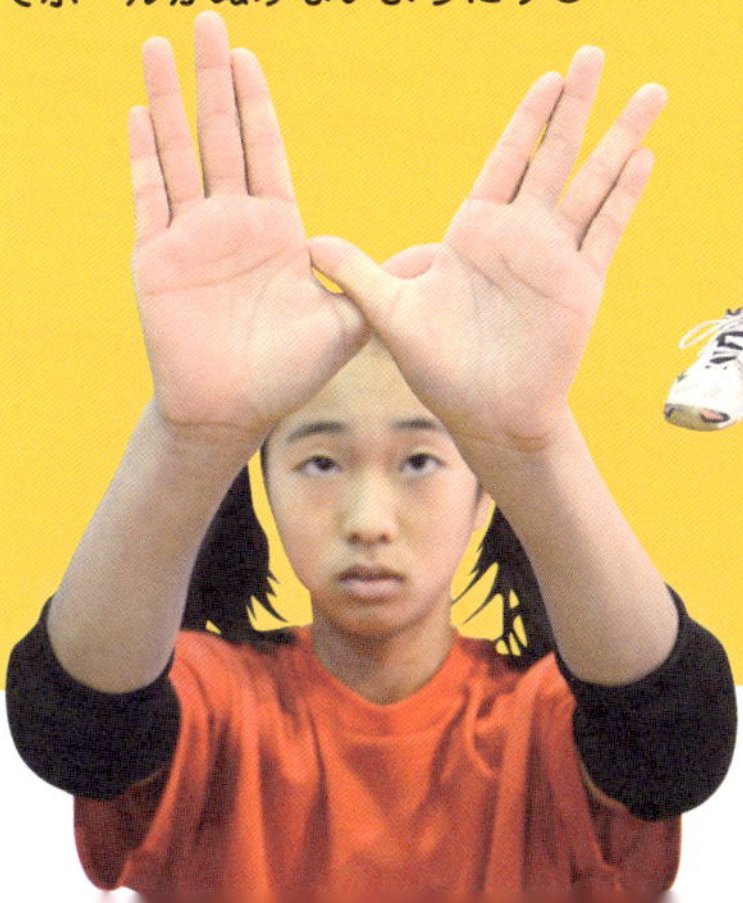

やってみよう
1

MENU 1 » 1人《ひとり》

しゃがんで直上《ちょくじょう》パス

＊①②を繰《く》り返《かえ》す。オーバーハンドパスも同様《どうよう》に行《おこな》う

①アンダーハンドパスを真上《まうえ》にあげる
②しゃがんですぐ立《た》ちあがり、落《お》ちてきたボールをアンダーハンドパスで受《う》ける

MENU 2 » 1人《ひとり》

直上《ちょくじょう》ジャンプパス

＊①②を繰《く》り返《かえ》す

①ジャンプしてオーバーハンドパスを真上《まうえ》にあげる
②ボールが落《お》ちてくるまでにまたジャンプしてオーバーハンドでパスする

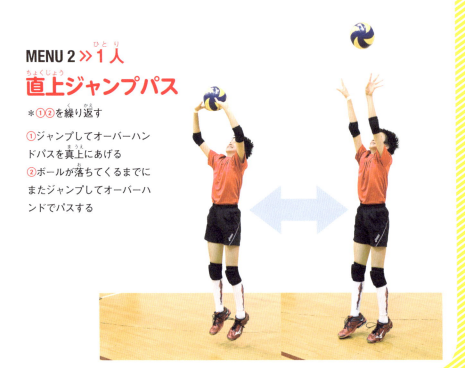

MENU 3 » 2人《ふたり》

2人《ふたり》で2つのボールを使《つか》うパス

[ステップ 1]

パス●をしながら、
ワンバウンドパス●

1個《こ》はオーバーハンド（アンダーハンド）パス。もう1個《こ》のボールはワンバウンドで渡《わた》す

[ステップ 2]

パス●をしながら、ボール●を転《ころ》がす

1個《こ》はオーバーハンド（アンダーハンド）パス。もう1個《こ》のボールはしゃがんで転《ころ》がす

[ステップ 3]

対人《たいじん》●しながら、ワンバウンドパス●

1個《こ》は対人《たいじん》。もう1個《こ》のボールはワンバウンドパスでつなげる

＊対人《たいじん》＝交互《こうご》に「ディグ→トス→スパイク、ディグ→トス→スパイク」を繰《く》り返《かえ》す練習《れんしゅう》

上級編《じょうきゅうへん》

ステップ2ができるようになったら、転《ころ》がすボールの受《う》け取《と》り方《かた》を変《か》えてやってみる。両手《りょうて》をヒザのうしろからくぐらせて受《う》け取《と》り→転《ころ》がす

やってみよう
2

MENU 4 » 3人《にん》

3人《にん》でボール2つを使《つか》うパス

3人《にん》が1列《れつ》に等間隔《とうかんかく》で並《なら》び、2個《こ》のボールを落《お》とさないようにつなげる
①短《みじか》いパス　②バックパス　③ロングパス

MENU 5 » 3人《にん》

ボール3つを使《つか》う三角《さんかく》パス

＊オーバーハンドパスも同様《どうよう》に行《おこな》う

3人《にん》の位置《いち》が上《うえ》から見《み》て三角《さんかく》形《けい》になるようにする。1人《ひとり》ずつボールを持《も》って、同時《どうじ》にアンダーハンド（オーバーハンド）パスをし、隣《となり》の人《ひと》に出《だ》す。右《みぎ》まわり、左《ひだり》まわり両方行《りょうほうおこな》う

MENU 6 » 3人《にん》

ボール2つを使《つか》ってランニングパスとワンバウンドパス

＊オーバーハンドも同様《どうよう》に行《おこな》う

①アンダー（オーバー）ハンドパスをする

②パスを出《だ》した方向《ほうこう》に走《はし》っていく

③ワンバウンドで来《く》るボールを受《う》け取《と》る

④次《つぎ》の人《ひと》にワンバウンドでボールを出《だ》す

⑤①に戻《もど》る

やってみよう
３

MENU 7 ≫ ４人《にん》

４人《にん》でボール４つを使《つか》う四角《しかく》パス

＊アンダーハンドパスも同様《どうよう》に行《おこな》う
４人《にん》の位置《いち》が上《うえ》から見《み》て正方形《せいほうけい》になるようにする。１人《ひとり》ずつボールを持《も》って、同時《どうじ》にオーバーハンド（アンダーハンド）パスをし、隣《となり》の人《ひと》に出《だ》す

右《みぎ》まわり、左《ひだり》まわり両方《りょうほう》やっておこう！

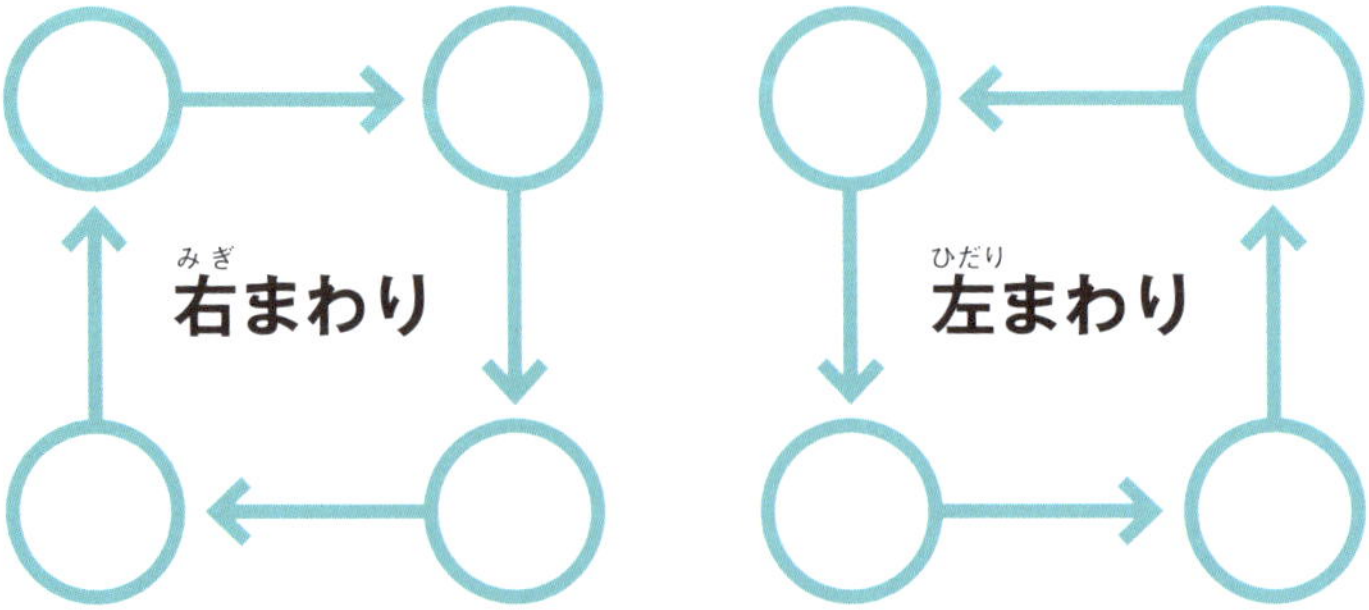

／４人《にん》の息《いき》をあわせてがんばって！＼

MENU 8 » 4人《にん》

4人《にん》で2つのボールを使《つか》う練習《れんしゅう》 ブロッカーがディグに参加《さんか》する

前《まえ》3人《にん》（セッター、ブロッカー2人《ふたり》）とうしろ1人《ひとり》の練習《れんしゅう》。1個《こ》は、ディグ→トス→スパイクを繰《く》り返《かえ》し、もう1個《こ》のボールはワンバウンドでつなげる

〔ルール〕

①自分《じぶん》がパスしたい人《ひと》にワンバウンドでボール●を出《だ》す。その方向《ほうこう》にパス●を出《だ》す

②スパイクを打《う》たないほうの選手《せんしゅ》（ブロッカー）は、下《さ》がってディグに参加《さんか》する

③セッターとレシーバーは固定《こてい》

セッター

レフト、ライトどちらでもトスをあげることができるが、あげる方向《ほうこう》にワンバウンドでボール●を出《だ》してから、トス●をする

ブロッカー①（レシーバー）

トスが来《こ》ないとわかった段階《だんかい》で、うしろに下《さ》がってディグに備《そな》える。先《さき》にワンバウンドでセッターにボール●を出《だ》してから、ディグ●でセッターに返《かえ》す

レシーバー

レフト、ライトからスパイクが来《く》るので、ワンバウンドでセッターにボール●を送《おく》ってからディグ●でセッターに返《かえ》す

ブロッカー②（スパイカー）

打《う》ちたい人《ひと》にワンバウンドのボール●を出《だ》してから、スパイク●を打《う》つ

基本《きほん》の位置《いち》

＊スパイクを打《う》たないブロッカーは下《さ》がってディグに参加《さんか》

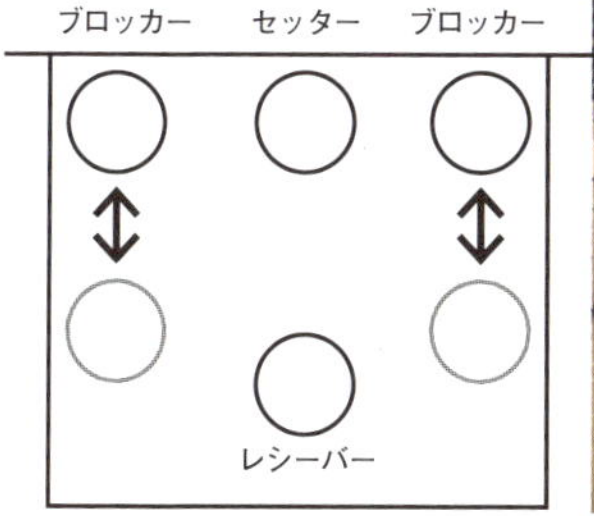

第《だい》2章《しょう》 パス&レシーブのまとめ

思《おも》いやりを持《も》ってプレーしよう

私《わたし》はよく子《こ》どもたちに「レシーブがあがっても、次《つぎ》の人《ひと》につながらなかったら意味《いみ》がないんだよ」とアドバイスします。なぜなら、バレーボールをやるうえでもっとも大切《たいせつ》なことはボールを落《お》とさない（つなぐ）ことだからです。つまり、パスもレシーブも正確性《せいかくせい》が求《もと》められます。

正確性《せいかくせい》というとむずかしく感《かん》じるかもしれません。言《い》いかえると「相手《あいて》を思《おも》う優《やさ》しい気持《きも》ち」になります。セッターがあげやすいようにレシーブをしっかり返《かえ》してあげようとか、セッターはアタッカーが打《う》ちやすいトスをあげよう……とか。このような気持《きも》ちをお互《たが》いに持《も》つことが大事《だいじ》です。

そのためにも、まずは正《ただ》しい形《かたち》を覚《おぼ》えましょう。ここで紹介《しょうかい》した形《かたち》を小学校《しょうがっこう》のうちに覚《おぼ》えておけば、自然《しぜん》と正確《せいかく》なパス&レシーブは身《み》につきます。あとは「気《き》持《も》ち」さえあれば大丈夫《だいじょうぶ》！

第《だい》3章《しょう》

サーブは最《さい》初《しょ》の攻《こう》撃《げき》

基本《きほん》のフローターサーブ① 正《ただ》しいフォーム

理想的《りそうてき》なフローターサーブの打《う》ち方《かた》

サーブを武器《ぶき》にするために、きちんとしたフォームを身《み》につけましょう。

POINT

マイナスポジションで飛《と》ばす

ボールをヒットする位置《いち》は前《まえ》すぎると落《お》ちていく。真上《まうえ》にあがったトスに対《たい》して、ゼロポジションで捕《と》らえるが、同時《どうじ》に重心《じゅうしん》を前《まえ》に移動《いどう》させるので、マイナスポジションで飛《と》ばすイメージになる

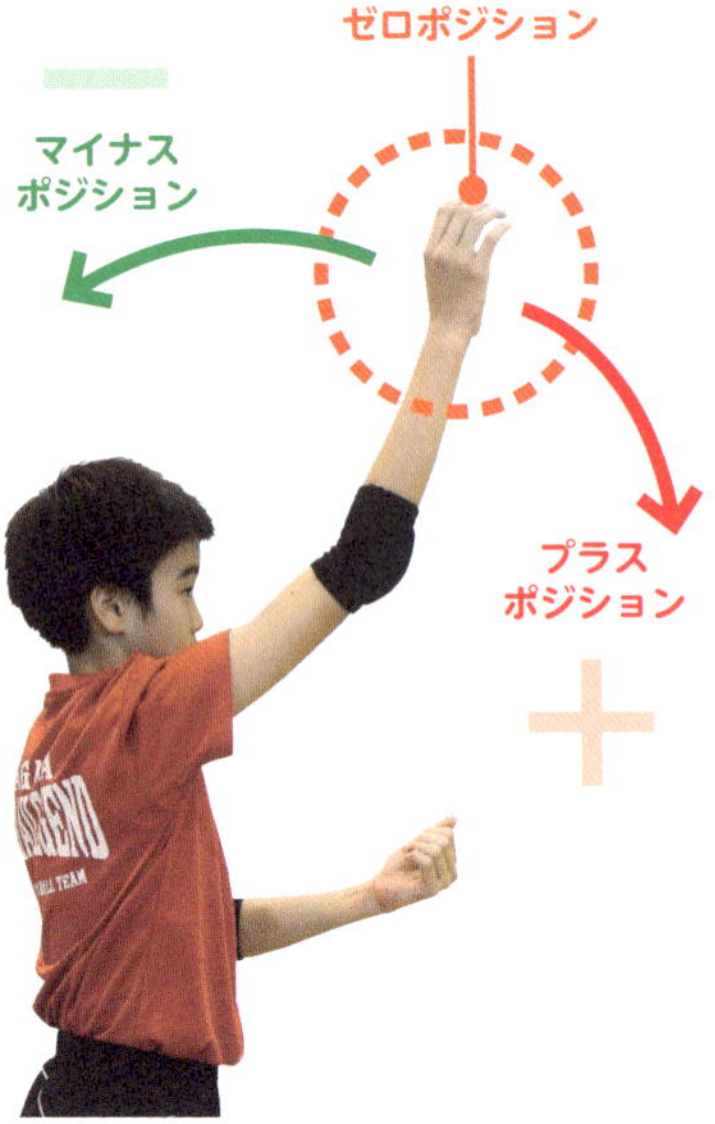

▲ヒットの瞬間《しゅんかん》、重心移動《じゅうしんいどう》でボールを押《お》し出《だ》す

▲打《う》ち終《お》わりは、右足《みぎあし》がつま先立《さきだ》ちになっている

たくさんの打《う》ち方《かた》を覚《おぼ》える

バレーボールはチーム一丸《いちがん》となって攻撃《こうげき》をつくり出《だ》すスポーツですが、サーブは1人《ひとり》で攻《せ》めることができるプレーです。

サーブにはいろいろな打《う》ち方《かた》があり、小学生《しょうがくせい》のうちは2～3種類《しゅるい》の打《う》ち方《かた》を覚《おぼ》えることをおすすめします。なぜなら成長《せいちょう》していくうちに適《てき》したサーブが変《か》わってくるからです。そのとき、そのときの自分《じぶん》にあったサーブを見《み》つけていけばいいと思《おも》います。

また、チームのなかでそれぞれが違《ちが》うサーブを打《う》てると、毎回《まいかい》リズムが変《か》わるので相手《あいて》チームは非常《ひじょう》にやりづらくなります。

まずはボールを無回転《むかいてん》で打《う》つフローターサーブを練習《れんしゅう》しましょう。

POINT

左足《ひだりあし》は打《う》ちたいほうに向《む》けて出《だ》す

サーブの方向《ほうこう》をコントロールするために、足《あし》の位置《いち》は大切《たいせつ》。
なかにはいってしまっても、外《そと》にひらいてしまってもダメ

▲かまえ

▲左足《ひだりあし》を出《だ》しながらトスの準備《じゅんび》にはいる

▲左足《ひだりあし》をかかとからつく。同時《どうじ》にトスをあげる

▲うしろ重心《じゅうしん》から前《まえ》に移動《いどう》していく

からだの重心《じゅうしん》はうしろから前《まえ》へ

サーブは手《て》や肩《かた》の力《ちから》で打《う》つのではなく、からだを使《つか》って打《う》ちましょう。

POINT

1、2、3のリズムで下《した》から上《うえ》に動《うご》かしていく

①左足《ひだりあし》をふみ出《だ》す　②右足《みぎあし》を引《ひ》きよせる

③ボールをヒットする

▲右足《みぎあし》から左足《ひだりあし》に重心《じゅうしん》を移動《いどう》させる

▲最後《さいご》にボールを打《う》つ

左右《さゆう》にブレていない

うしろから前《まえ》に重心移動《じゅうしんいどう》していくとき、からだが左右《さゆう》にブレないようにする。気《き》になる人はライン上《じょう》で打《う》つ練習《れんしゅう》をするとよい

中心線《ちゅうしんせん》からハズれている

足《あし》が目標《もくひょう》に向《む》いていないので重心移動《じゅうしんいどう》がしづらくなる

軸《じく》がブレる

重心《じゅうしん》が左右《さゆう》にブレて手打《てう》ちになる

前《まえ》かがみになる

プラスポジション（P.72参照《さんしょう》）で打《う》つとボールが下《した》に落《お》ちていく

ワンポイントアドバイス

跳《と》び箱《ばこ》の上《うえ》でやってみよう

重心移動《じゅうしんいどう》がわからない人《ひと》は、跳《と》び箱《はこ》などの上《うえ》に乗《の》り、せまいスペースで重心移動《じゅうしんいどう》だけで打《う》つ練習《れんしゅう》をするといい

POINT

下半身《かはんしん》が重心移動《じゅうしんいどう》 上半身《じょうはんしん》がひねる動作《どうさ》

正《たた》しい重心移動《じゅうしんいどう》

▲右足《みぎあし》（うしろ足）を軸足《じくあし》にして、左足《ひだりあし》（前《まえ》に出《だ》した足《あし》）はつま先《さき》をあげる

▲左足《ひだりあし》を打《う》ちたい方向《ほうこう》にふみ出《だ》す

足下《あしもと》をクローズアップ

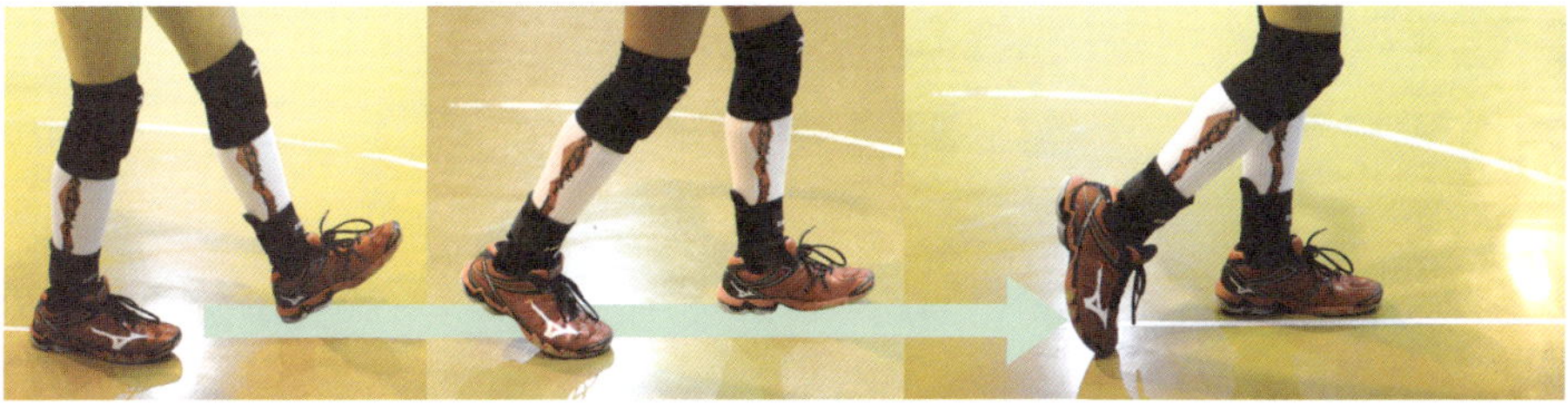

▲右足《みぎあし》に重心《じゅうしん》。左足《ひだりあし》はかかとを軽《かる》く置《お》く程度《ていど》

▲目標《もくひょう》に向《む》かって左足《ひだりあし》を出《だ》し、重心《じゅうしん》を移動《いどう》しはじめる。リズムでいったら①の部分《ぶぶん》

▲軸足《じくあし》が左足《ひだりあし》に移《うつ》ると同時《どうじ》に右足《みぎあし》はつま先《さき》立《だ》ちになる。リズムでいったら②の部分《ぶぶん》。このあと③のタイミングでヒットする

ヒジをひらかずに打《う》とう

フローターはコントロールしやすいサーブといわれています。正《ただ》しいスイングで安定《あんてい》したサーブを手《て》にいれよう！

理想的《りそうてき》なスイング

▲右《みぎ》ヒジをひらかないようにスイングさせ、ヒットの瞬間《しゅんかん》、左《ひだり》ヒジを引《ひ》く

スイングが外《そと》ぶり

ボールにへんな回転《かいてん》がかかる

参考《さんこう》ページ
P.98～99
ストレートスイング

フローターサーブを打《う》つときのスイングは、スパイクを打《う》つときのストレートスイングに似《に》ている

無回転《むかいてん》にならない3つのダメパターン

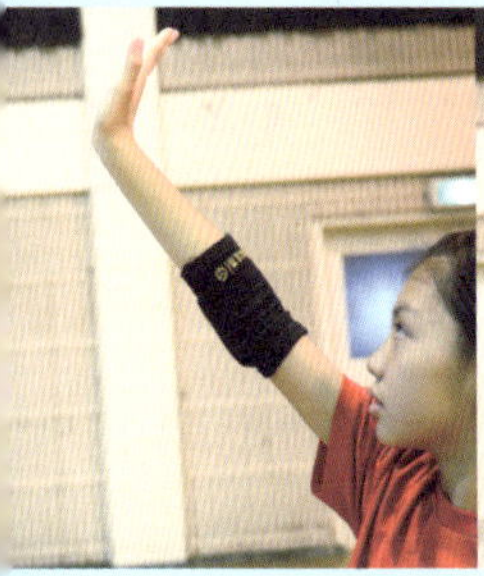

手首《てくび》がそっている

手首《てくび》が折《お》れている

練習法《れんしゅうほう》

ヒジがひらく人《ひと》の矯正法《きょうせいほう》

▼チョップを当《あ》てて打《う》つようにすると、ヒジをひらかずに打《う》てるようになる

▼ボールをタオルなどで包《つつ》んで左手《ひだりて》で持《も》ち、チョップを当《あ》てる練習《れんしゅう》をするとよい。トスの位置確認《いちかくにん》にもなる

POINT
右手《みぎて》が耳《みみ》をかすめている

ワンポイントアドバイス

手《て》のひらではなく点《てん》を意識《いしき》する

無回転《むかいてん》でサーブを打《う》つと、ボールは変化《へんか》する。なるべくボールに回転《かいてん》をかけないように打《う》つ

ミートポイントは
ココだ！

指《ゆび》がまがっている

サーブの決《き》め手《て》は正確《せいかく》なトス

サーブの安定《あんてい》にかかせないのがトスです。いつも同《おな》じところにトスをあげられるように練習《れんしゅう》しましょう。

正《ただ》しいトスの位置《いち》

からだの中心《ちゅうしん》より
ボール半個《はんこ》ほど
右側《みぎがわ》

ここから真上《まうえ》にボールをあげると、打《う》ちやすいトスがあがる

トスが安定《あんてい》しない3つの理由《りゆう》

かまえが左《ひだり》すぎる

かまえが右《みぎ》すぎる

かまえが下《した》すぎる

ワンポイントアドバイス

ヒットする延長線上《えんちょうせんじょう》にボールを落《お》とすようにする

トスをあげる練習《れんしゅう》を何度《なんど》もして、正《ただ》しいトスを覚《おぼ》えよう。ボールをヒットする真下《ました》にボールが落《お》ちるのがベストの位置《いち》

練習法《れんしゅうほう》

コースを打《う》ちわける練習《れんしゅう》

サーブが安定《あんてい》してきたら、ねらったコースに打《う》てるようになろう。左足《ひだりあし》のつま先《さき》を目標《もくひょう》に向《む》けると、打《う》ちたいところに打《う》てる。足首《あしくび》にゴムをつけチームメイトに目標地《もくひょうち》に立《た》ってもらうと、ボール軌道《きどう》のイメージができる

右《みぎ》のコーナーをねらっている

左《ひだり》のコーナーをねらっている

初心者《しょしんしゃ》向《む》けのアンダーハンド

ここからはサーブの種類《しゅるい》を紹介《しょうかい》していきましょう。まずははじめてバレーをする人《ひと》におすすめのアンダーハンドサーブです。

○ デコボコしていない

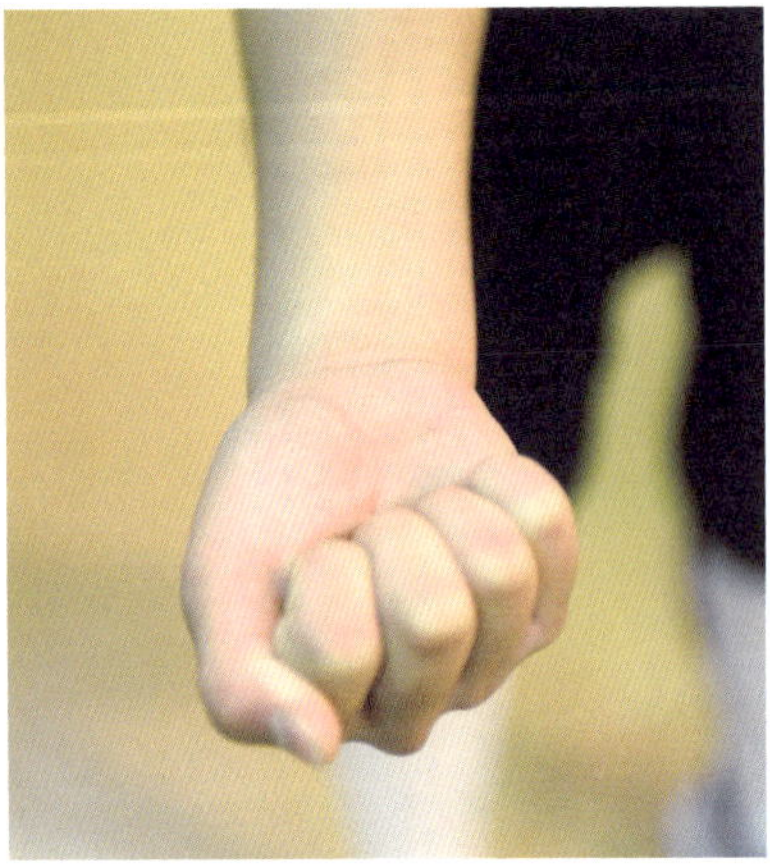

POINT

からだの軸《じく》を平行移動《へいこういどう》させる

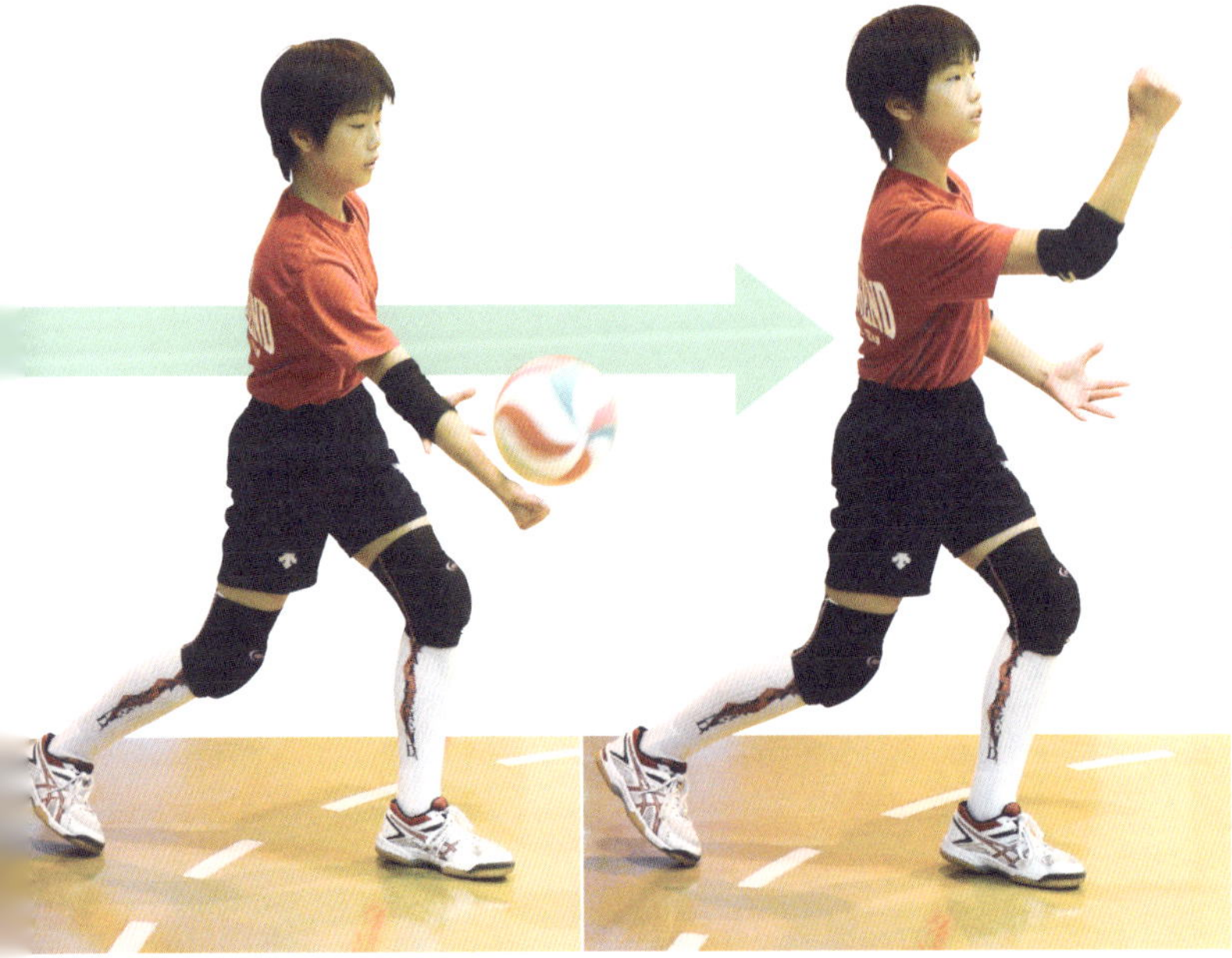

▲ボールの中心《ちゅうしん》にグーを当《あ》てる

▲ボールを押《お》し出《だ》すように腕《うで》を振《ふ》り、重心《じゅうしん》を前《まえ》に移動《いどう》させる

コントロールができない握《にぎ》り方《かた》

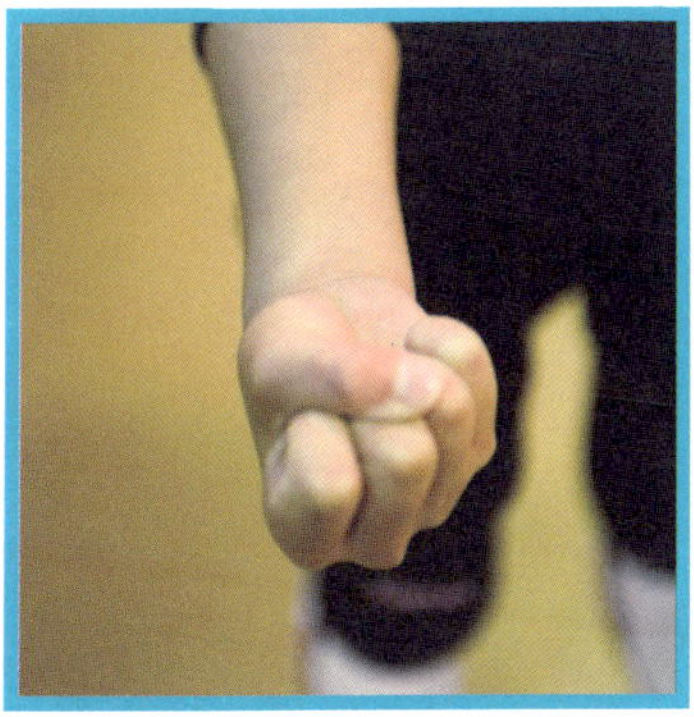

親指《おやゆび》が出《で》ている

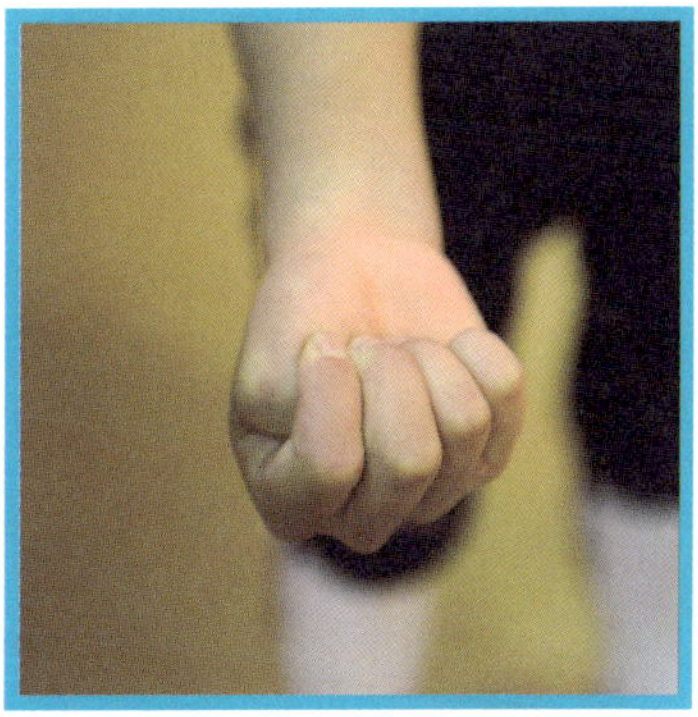

親指《おやゆび》が中《なか》にはいっている

▲ボールを持《も》ってかまえる　▲右腕《みぎうで》をうしろに引《ひ》く　▲打《う》ちたい方向《ほうこう》に左足《ひだりあし》を出《だ》す

力《ちから》がない人《ひと》でも簡単《かんたん》に打《う》てるサーブ

サイドハンドも
初心者《しょしんしゃ》向《む》けのサーブです。
アンダーハンドよりも
力強《ちからづよ》いサーブを
打《う》つことができます。

参考《さんこう》ページ
P.80
デコボコしていない

握《にぎ》り方《かた》はアンダーハンドサーブと同《おな》じ

POINT

できるだけヒジをまげない

▲腰《こし》の回転《かいてん》と同時《どうじ》にボールをヒット

▲最後《さいご》まで腕《うで》を振《ふ》る

ボールしか見《み》ていない

手打《てう》ちになってしまう

POINT

かかとから出《だ》している

▲ボールを持《も》ってかまえる

▲左足《ひだりあし》を出《だ》すと同時《どうじ》に、右腕《みぎうで》をうしろに引《ひ》く

▲打《う》ちたい方向《ほうこう》に左足《ひだりあし》をふみ込《こ》み重心移動《じゅうしんいどう》

サーブの種類《しゅるい》③ オーバーハンドサーブ

肩《かた》が弱《よわ》くても打《う》ちわけできるサーブ

からだの使《つか》い方《かた》はサイドハンドと同《おな》じですが、アンダーハンドやサイドハンドと違《ちが》って無回転《むかいてん》やドライブなどの打《う》ちわけをしやすいのが特長《とくちょう》です。

▲腰《こし》のひねりと同時《どうじ》にボールをヒット

▲腕《うで》を振《ふ》りきらずに止《と》める

ここを CHECK!

顔《かお》の位置《いち》があまり動《うご》かない

POINT
トスのかまえが高《たか》い

POINT
かかとから出《で》ている

▲ボールを持《も》ってかまえる

▲左足《ひだりあし》を出《だ》すと同時《どうじ》に、右腕《みぎうで》をうしろに引《ひ》く

▲左足《ひだりあし》をふみ込《こ》んで、重心《じゅうしん》を前《まえ》に移動《いどう》させる

○

からだのブレがなく足《あし》がまっすぐ

×

トスの位置《いち》がブレる

からだもブレて足《あし》もブレるのでねらったところにボールがいかない

サーブの種類《しゅるい》④ ジャンプフローターサーブ〔その1〕

ジャンプフローターを打《う》ってみよう

最近《さいきん》の主流《しゅりゅう》といえば、ジャンプフローターサーブです。助走《じょそう》のタイプが2つあるので、両方紹介《りょうほうしょうかい》しておきましょう。

POINT

からだが前《まえ》に流《なが》れないように真上《まうえ》にジャンプ

▲ふみきる　▲ジャンプする　▲高《たか》いところでヒットする

ワンポイントアドバイス

上半身《じょうはんしん》はフローターサーブと同《おな》じ

ジャンプが加《くわ》わると少《すこ》しむずかしく感《かん》じるかもしれないが、上半身《じょうはんしん》の動《うご》きはフローターサーブとまったく同《おな》じ。これに助走《じょそう》を加《くわ》えるとジャンプフローターが打《う》てるようになる

トスが左右《さゆう》にブレる

からだがブレて、力《ちから》をいれることができない

POINT トスをしっかり意識《いしき》する

▲2歩目《ほめ》（右足《みぎあし》）が出《で》るくらいにトスをあげる

▲ボールを持《も》ってかまえる

▲はじめの1歩《ぽ》は左足《ひだりあし》から

前《まえ》から

人気《にんき》のジャンプフローターにもトライ

もうひとつのジャンプフローターサーブはナナメに助走《じょそう》をとるタイプ。とくに女子《じょし》に人気《にんき》のある打《う》ち方《かた》です。

POINT

片足《かたあし》ふみきりができている

▲高《たか》いところでボールをヒットする

▲左足《ひだりあし》でふみきると同時《どうじ》に、トスをあげる

▲ジャンプしつつ、ヒジを引《ひ》く

前《まえ》から

POINT

トスのかまえをできるだけ高《たか》くする

▲左足《ひだりあし》を前《まえ》にして、ボールを持《も》ってかまえる

▲左足《ひだりあし》に重心《じゅうしん》をかけ、助走《じょそう》を取《と》る

▲2歩目《ほめ》（右足《みぎあし》）を少《すこ》しナナメ右《みぎ》に出《だ》す

ワンポイントアドバイス

助走《じょそう》に角度《かくど》をつけてひねる

手《て》打《う》ちになってしまいがちな人《ひと》は、助走《じょそう》に角度《かくど》をつけると自然《しぜん》とひねりがうまれ、からだを上《じょう》手《ず》に使《うか》うことができる。右利《みぎき》きの人《ひと》は、右方向《みぎほうこう》に助走《じょそう》しながら左足《ひだりあし》でふみきる。左利《ひだりき》きの人《ひと》は、左方向《ひだりほうこう》に助走《じょそう》しながら右足《みぎあし》でふみきる

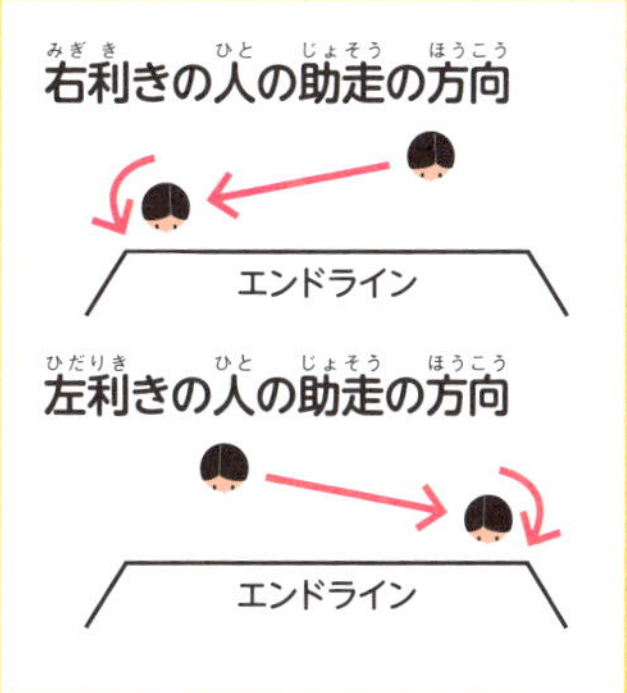
右利《みぎき》きの人《ひと》の助走《じょそう》の方向《ほうこう》
エンドライン
左利《ひだりき》きの人《ひと》の助走《じょそう》の方向《ほうこう》
エンドライン

スパイクのようにサーブを打《う》つ

最後《さいご》に紹介《しょうかい》するのはジャンプサーブです。高《たか》く投《な》げたトスを打《う》つのでとてもむずかしいサーブといえます。

ワンポイントアドバイス

正確《せいかく》なトスを意識《いしき》する

打《う》つことばかりに気持《きも》ちがいってしまいがちだが、ジャンプサーブの成功《せいこう》のカギは、なんといってもトスの位置《いち》。毎回《まいかい》、正確《せいかく》なトスをあげられればサーブミスが少《すく》なくなる

◀しっかり腕《うで》を振《ふ》りぬく

▲前《まえ》に流《なが》れないように真上《まうえ》にジャンプし、ヒジを引《ひ》く

▲スパイクのようにドライブをかける

参考《さんこう》ページ
P.106～109
キックミートで練習《れんしゅう》しよう

UP! レベルアップ★レッスン

無回転《むかいてん》とスピンを打《う》ちわけよう

72ページでも説明《せつめい》したように、チーム内《ない》の選手《せんしゅ》がそれぞれ違《ちが》う種類《しゅるい》のサーブを打《う》てると、相手《あいて》チームにとってはリズムがつかみづらくイヤなもの。個人《こじん》でもフローターサーブと同《おな》じフォームから無回転《むかいてん》サーブやスピンサーブを打《う》ちわけられたらよりグッド。最低《さいてい》でも２種類《しゅるい》のサーブを打《う》てるようにしよう！

カーブ回転《かいてん》をかけて打《う》ってみる

▲ボールを持《も》ってかまえる

▲トスを高《たか》く放《ほう》り投《な》げる

▲バックスイングを大《おお》きく取《と》る

第《だい》3章《しょう》 サーブのまとめ

ミスをしないことが一番大事《いちばんだいじ》

ラリーポイント制《せい》というルールにおいては、サーブミスをしないのが一番《いちばん》です。サーブミスは相手《あいて》にラクに1点《てん》をあげてしまうことなので、それであれば「チャンスボールでもいれていったほうがいい」というのが私《わたし》の考《かんが》えです。

サーブをいれないことには相手《あいて》はくずれませんし、ミスしてくれることもありません。とにかくネットを越《こ》すように！

そのためには本数《ほんすう》をこなすことが大事《だいじ》です。サーブは1人《ひとり》でも練習《れんしゅう》できますし、人《ひと》それぞれ打《う》ちやすいものが違《ちが》います。まずは、ここで紹介《しょうかい》したサーブのどれが自分《じぶん》にあうのかを見《み》つけてください。自《じ》分《ぶん》にあったサーブが見《み》つかったら、どんどん打《う》って確実《かくじつ》なサーブを身《み》につけましょう。

サーブがはいるようになったら、目標《もくひょう》地点《ちてん》を決《き》めて、ちゃんとねらえる練習《れんしゅう》をしていくのがいいでしょう。

第《だい》4章《しょう》

カッコいいスパイクを打《う》とう

理想的《りそうてき》なスパイクの打《う》ち方《かた》

スパイクはバレーボールで一番注目《いちばんちゅうもく》をあびるプレーです。ふみきり、タイミング、ジャンプ、スイングといろいろな要素《ようそ》が含《ふく》まれているので、一《ひと》つひとつの動《うご》きを確認《かくにん》していきましょう。

POINT

スイングと同時《どうじ》に左手《ひだりて》を引《ひ》く

▲一番高《いちばんたか》いところでボールを打《う》つ

ミート練習《れんしゅう》をやろう

スパイクは得点《とくてん》するための最大《さいだい》の武器《ぶき》。バレーのなかで一番《いちばん》カッコいいプレーといえますが、一番《いちばん》むずかしいプレーでもあります。ポジションによって適《てき》したスイングも違《ちが》いますし、何《なに》よりタイミングがむずかしい！

だからこそたくさん本数《ほんすう》を打《う》たないと上手《じょうず》になりません。そしてもっとも大事《だいじ》なことは、ボールにしっかり手《て》を当《あ》てること。サーブのときは手《て》のひらの点《てん》でヒットすることを伝《つた》えましたが、スパイクは手《て》のひら全体《ぜんたい》を使《つか》います。だから、いいスパイクは「パシーン！」といい音《おと》がします。

POINT

左足《ひだりあし》で勢《いきお》いをストップ

前《まえ》に出《で》る右足《みぎあし》の勢《いきお》いを左《ひだり》足《あし》で止《と》めることにより、上《うえ》にあがる力《ちから》に変《か》える

POINT

左手《ひだりて》をあげることにより、打点《だてん》が下《さ》がらない

▲かまえ。トスがあがるところに移《い》動《どう》して待《ま》つ

▲最後《さいご》の１歩《ぽ》を右足《みぎあし》のかかとから入《はい》る。そして大《おお》きくバックスイング

▲両足《りょうあし》でふみきり真《ま》上《うえ》にジャンプする

▲空中《くうちゅう》で左手《ひだりて》をあげ、右手《みぎて》のヒジをひらく

ワンポイントアドバイス

助走《じょそう》と移動《いどう》をミックスさせる

一般的《いっぱんてき》にスパイク練習《れんしゅう》といえば、２歩助走《ほじょそう》、３歩助走《ぽじょそう》の練習《れんしゅう》を行《おこな》うが、ここでは助《じょ》走《そう》と移動《いどう》をミックスさせているので、何歩助走《なんぽじょそう》という教《おし》え方《かた》をしていない。トスがあがったところに“移動《いどう》”していき、最後《さいご》の１歩《ぽ》でふみきる。どんな状況《じょうきょう》からでも攻撃《こうげき》につなげやすいメリットがある

おすすめのスイング方法《ほうほう》

まずはスイングチェックからしていきましょう。ここで紹介《しょうかい》するハーフサーキュラーはもっともポピュラーなスイングです。

理想的《りそうてき》な ハーフサーキュラースイング

POINT
スイングより先《さき》に左手《ひだりて》を引《ひ》く

▼最後《さいご》に右手《みぎて》でスナップをきかせミートする

▲左手《ひだりて》を引《ひ》き、右《みぎ》ヒジからスイングさせていく

POINT
右肩《みぎかた》が前《まえ》に出《で》ている
（左肩《ひだりかた》との回転《かいてん》ができているということ）

ヒジがひらいていない&手《て》のひらが上《うえ》

打点《だてん》が下《さ》がる

ここを CHECK!

空中姿勢《くうちゅうしせい》で見《み》てもらいたいところ
①肩《かた》よりヒジがあがっているか？
②手《て》のひらは横《よこ》、または下《した》でかまえているか？

▲まずはしっかりバックスイング

▲バックスイングの勢《いきお》いを使《つか》って両手《りょうて》を振《ふ》りあげる

▲左手《ひだりて》はボールに向《む》かって出《だ》し、右手《みぎて》はヒジからあげる

▲空中《くうちゅう》でしっかり左手《ひだりて》を残《のこ》し、右手《みぎて》のヒジをひらいてかまえる

前《まえ》から

左手《ひだりて》が残《のこ》っている

スイングに力《ちから》がはいらない

そりすぎ

腰《こし》を痛《いた》めてしまう

センター攻撃《こうげき》はコンパクトなスイングで

おすすめのスイングはハーフサーキュラーですが、速攻《そっこう》などを使《つか》うミドルブロッカーにはまっすぐ振《ふ》り下《お》ろすストレートスイングがよいでしょう。

理想的《りそうてき》なストレートスイング

POINT
左手《ひだりて》を引《ひ》く

◀振《ふ》り終《お》わりはハーフサーキュラーと同《おな》じ

▲右《みぎ》ヒジをあげたまままっすぐ振《ふ》り下《お》ろす

POINT
右肩《みぎかた》が前《まえ》に出《で》ている

（左肩《ひだりかた》との回転《かいてん》ができている）

ハーフサーキュラーと違《ちが》う点《てん》はココ!

右《みぎ》ヒジがひらいていない

POINT

顔《かお》とヒジがあまり離《はな》れない

▲バックスイングからスタート

▲バックスイングの勢《いきお》いを使《つか》って両手《りょうて》をまっすぐ振《ふ》りあげる

▲左手《ひだりて》をボールの方向《ほうこう》にあげ、右手《みぎて》はそのまま耳《みみ》のあたりまで振《ふ》りあげていきヒジをまげる

前《まえ》から

ダイナミックに打《う》ちたい人《ひと》はコレ！

バックスイングから右手《みぎて》で円《えん》をえがくようにしてかまえるサーキュラーは、ウイングスパイカー向《む》けのスイングです。

理想的《りそうてき》な サーキュラースイング

▲ヒジから右手《みぎて》を振《ふ》り下《お》ろしていき、左《ひだり》手《て》は引《ひ》く

▲振《ふ》り終《お》わりはほかのスイングと同《おな》じ

ここを CHECK!

正《ただ》しい バックスイング

①手《て》のひらが上《うえ》を向《む》いている
②手《て》を振《ふ》りあげていったとき、三角《さんかく》形《けい》の軌道《きどう》がえがけている
③三角形《さんかくけい》の頂点《ちょうてん》がミートポイントになっている

ほかのスイングと違《ちが》うところはココ!

▲バックスイングからスタート

▲右手《みぎて》をそのままうしろに残《のこ》し、左手《ひだりて》を振《ふ》りあげていく

▲左手《ひだりて》をボールの方向《ほうこう》にあげ、右手《みぎて》をかつぐ

基本《きほん》の攻撃《こうげき》パターンを知《し》っておこう

セッターがあげるトスによって攻撃《こうげき》の名前《なまえ》が変《か》わるので、代表的《だいひょうてき》なものを紹介《しょうかい》しておきましょう。

[セッターのトスの種類《しゅるい》]

ライトオープン
ライトへの大《おお》きくふんわりしたトスを打《う》つ攻撃《こうげき》
Cクイック
ライト方向《ほうこう》にあがる低《ひく》くて短《みじか》いトスを打《う》つ攻《こう》撃《げき》（セッターのうしろ1m以内《いない》）
Cクイック
ライトオープン

ワンポイントアドバイス

攻撃《こうげき》パターンを増《ふ》やす

テンポや距離《きょり》などチームの約束《やくそく》を増《ふ》やすことによって攻撃《こうげき》パターンを無数《むすう》に増《ふ》やすことが可能《かのう》

Aクイック

レフト方向《ほうこう》にあがる低《ひく》くて短《みじか》いトスを打《う》つ攻撃《こうげき》（セッターの前《まえ》1m以内《いない》）

Bクイック

レフト方向《ほうこう》にあがる低《ひく》くて長《なが》いトスを打《う》つ攻撃《こうげき》（セッターの前《まえ》2～3m以内《いない》）

レフトオープン

レフトへの大《おお》きくふんわりしたトスを打《う》つ攻撃《こうげき》

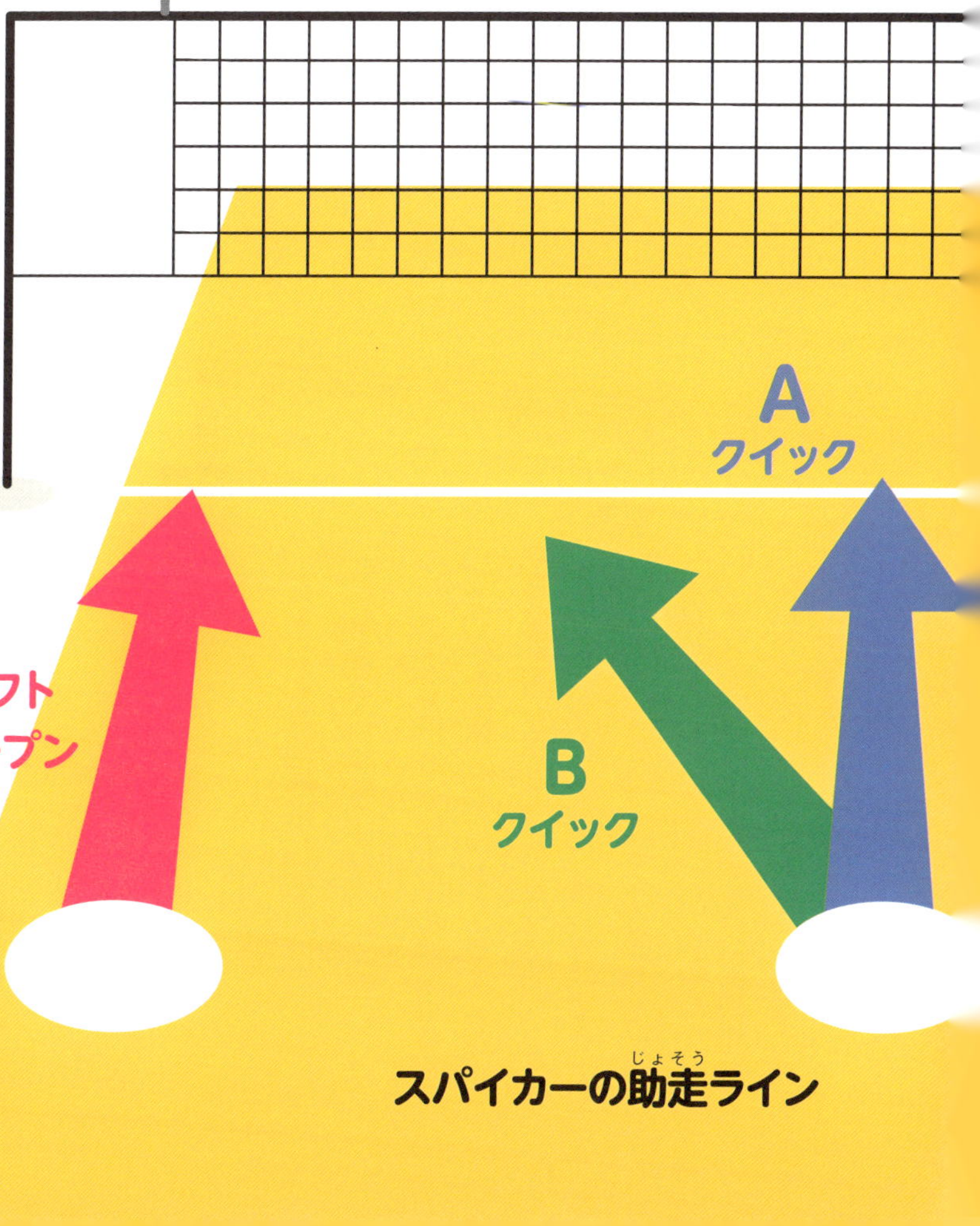
A
クイック
レフト
オープン
B
クイック
スパイカーの助走《じょそう》ライン

手《て》のひら全体《ぜんたい》に当《あ》てる！

スパイクを打《う》ちわけるときに必要《ひつよう》なのがミートです。ボールに回転《かいてん》をかけられるようになると、ねらったコースにスパイクを打《う》てます。

正《ただ》しい手《て》の形《かたち》

親指《おやゆび》がひらいて、手《て》のひら全体《ぜんたい》でボールを捕《と》らえている

ミートを確実《かくじつ》にして回転《かいてん》をかけよう

ミートというのはボールが手《て》のひらに当《あ》たる感覚《かんかく》のことです。ミートができないと、ボールに回転《かいてん》をかけることができません。まずは手《て》のひら全体《ぜんたい》でボールを捕《と》らえることからはじめましょう。

きれいなミートとドライブ回転《かいてん》は、スパイクの肝《きも》です。いっぱい練習《れんしゅう》して感覚《かんかく》を身《み》につけましょう。

ワンポイントアドバイス

パチーン！ という音《おと》がすればOK

手《て》のひらを1対《たい》4（親指《おやゆび》とそのほかの4本《ほん》）にしてひらくと英語《えいご》の「L」のような形《かたち》になり、ボールに対《たい》して面《めん》で当《あ》てることができる。空間《くうかん》があいていないミートは「パチーン！」という甲高《かんだか》い音《おと》がする

練習法《れんしゅうほう》

正《ただ》しいミートを覚《おぼ》える

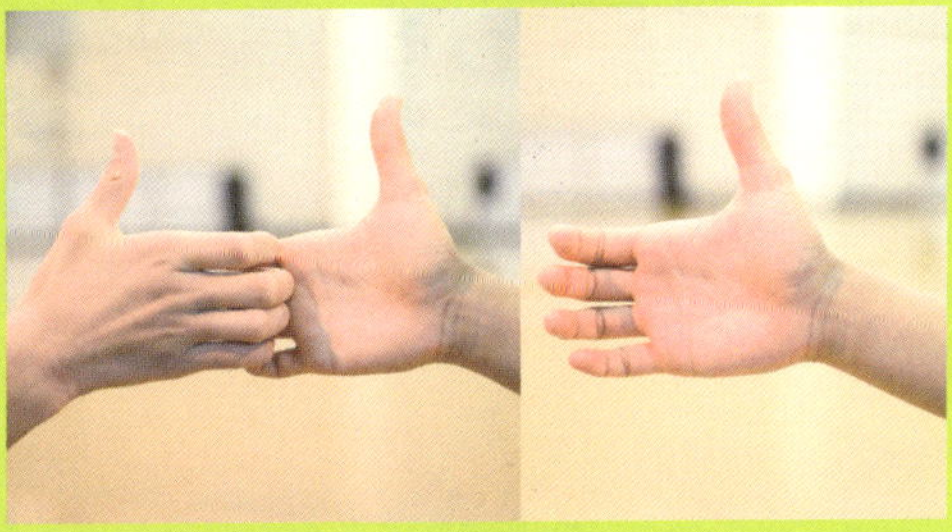

パターン1

ボールを床《ゆか》に置《お》いてすき間《ま》ができないように手《て》を乗《の》せる

パターン2

自分《じぶん》の指《ゆび》と、友《とも》だちの指《ゆび》の第一関節《だいいちかんせつ》だけをひっかける。ゆっくりはずして、そこから軽《かる》くひらいた状態《じょうたい》がボールの形《かたち》になる

指《ゆび》が閉《と》じてしまっている

拇指球《ぼしきゅう》がもりあがり空間《くうかん》ができる。面積《めんせき》が小《ちい》さい

空間《くうかん》があいている

一点《いってん》にしか当《あ》たらないのでコントロールがむずかしくなる

手首《てくび》がそっている

下《した》を叩《たた》いてしまうので、ドライブ回転《かいてん》がかけづらくなる

上半身《じょうはんしん》の使《つか》い方《かた》を覚《おぼ》える

スパイクを打《う》つときのミートと、飛《と》んでいるときの上半身《じょうはんしん》の使《つか》い方《かた》を“キックミート”で練習《れんしゅう》しましょう。

POINT
スイングした手《て》と同《おな》じほうの足《あし》をしっかりあげる

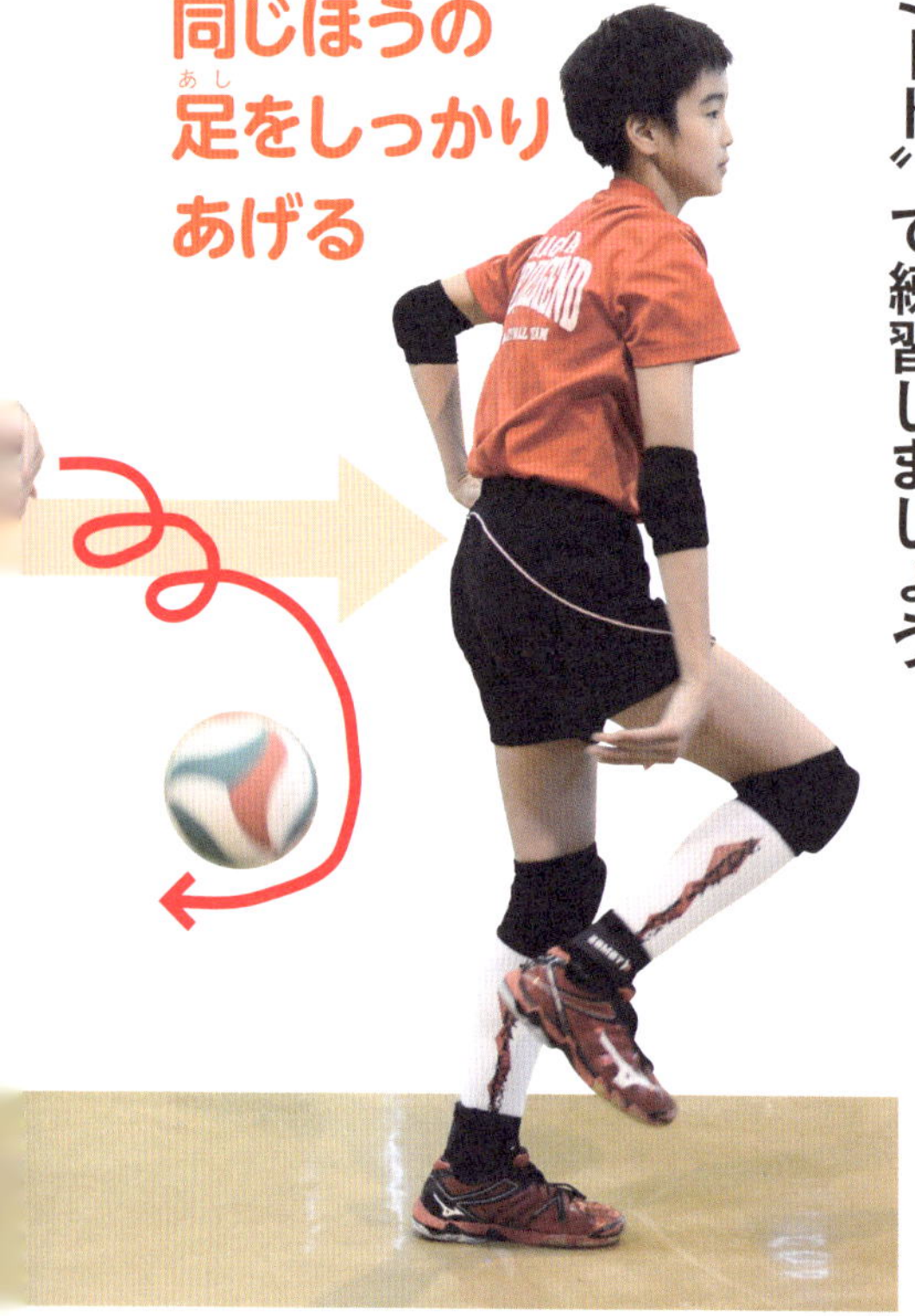

▲腕《うで》をからだの外《そと》に振《ふ》りぬき、足《あし》をあげる

からだが前《まえ》に倒《たお》れている＆足《あし》があがっていない

この練習《れんしゅう》の狙《ねら》い！

空中《くうちゅう》での動作《どうさ》に近《ちか》づける

ミートしたあとに一本足《いっぽんあし》で立《た》つとからだが前《まえ》に倒《たお》れないので、実際《じっさい》にジャンプしたときの体勢《たいせい》に近《ちか》くなる。空中《くうちゅう》での“上半身《じょうはんしん》の使《つか》い方《かた》”を覚《おぼ》えるための導入練習《どうにゅうれんしゅう》として行《おこな》う

キックミート練習法《れんしゅうほう》①
～正面《しょうめん》打《う》ち～

▲ボールを持《も》ってかまえる

▲正面《しょうめん》にトスをあげる

▲ミートを意識《いしき》しながらドライブ回転《かいてん》をかけて、床打《ゆかう》ちする

前《まえ》から

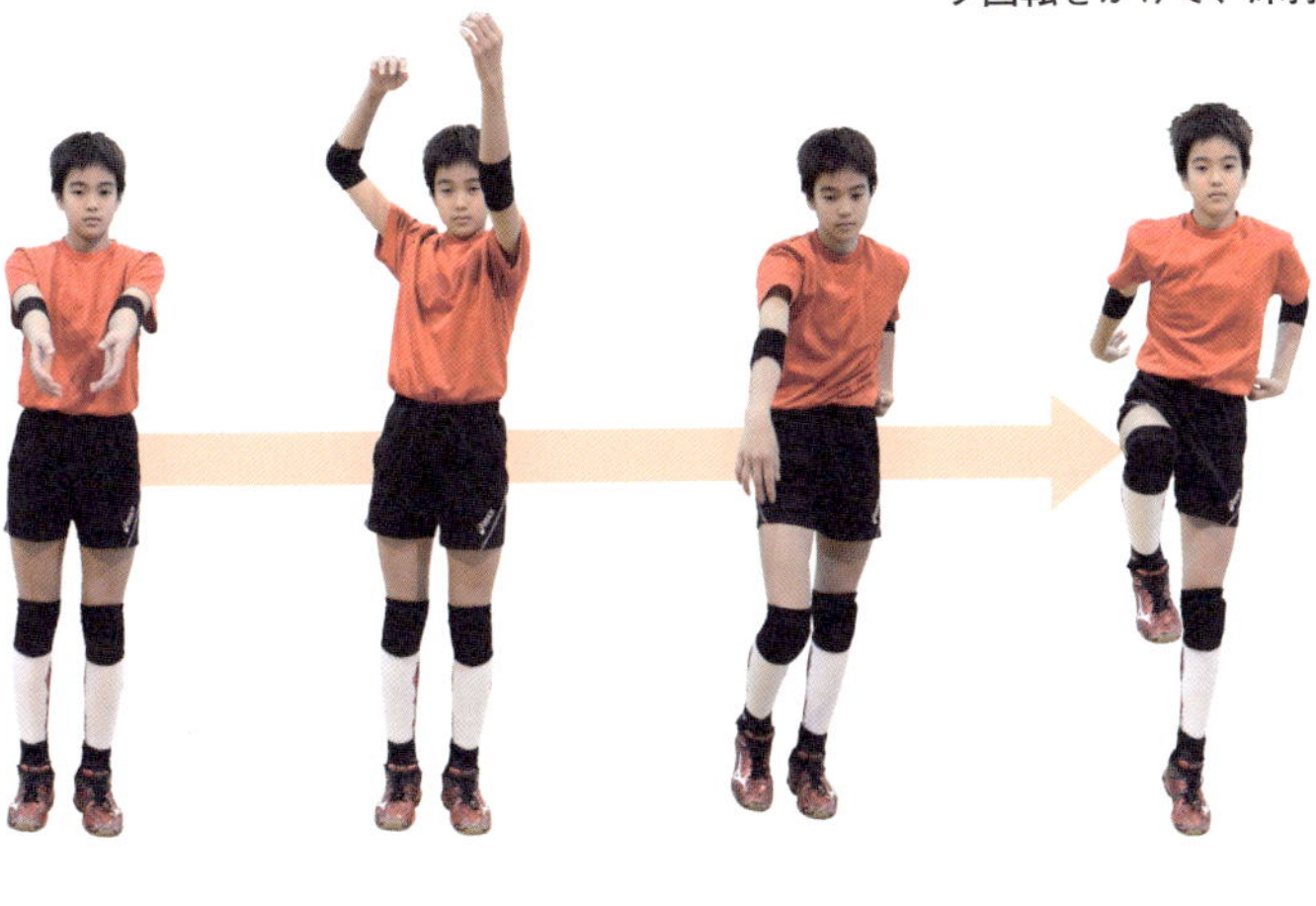

回転《かいてん》の種類《しゅるい》を増《ふ》やして打《う》つ

手《て》のひらにしっかりボールが当《あ》たり、回転《かいてん》がかかるようになりましたか？今度《こんど》は応用編《おうようへん》としてストレート打《う》ち、クロス打《う》ちを練習《れんしゅう》しましょう。

POINT

腰《こし》をひねる

◀カーブ回転《かいてん》をかけて腕《うで》をからだのほうに巻《ま》き込《こ》む

ワンポイントアドバイス

ボールの回転《かいてん》を意識《いしき》する

回転《かいてん》がうまくかからないという人《ひと》は、ヒットする場所《ばしょ》を意識《いしき》して練習《れんしゅう》してみよう

正面打《しょうめんう》ち
（ドライブ回転《かいてん》）

ボールの中央《ちゅうおう》をヒットする

ストレート打《う》ち
（カーブ回転《かいてん》）

ボールの中心《ちゅうしん》から少《すこ》し右側《みぎがわ》を、小指《こゆび》から当《あ》ててヒットする

クロス打《う》ち
（シュート回転《かいてん》）

ボールの中心《ちゅうしん》から少《すこ》し左側《ひだりがわ》を、親指《おやゆび》から当《あ》ててヒットする

キックミート練習法《れんしゅうほう》②
〜ストレート打《う》ち〜

◀からだの向《む》きを90°変《か》えて立《た》つ

▶自分《じぶん》でトスをあげる

◀小指《こゆび》からはいっていくイメージでスイングする

キックミート練習法《れんしゅうほう》③
〜クロス打《う》ち〜

▲クロス打《う》ちは、同《おな》じ体勢《たいせい》からボールの打《う》つ方向《ほうこう》を180°変《か》えて練習《れんしゅう》する。打《う》ち終《お》わりは、腕《うで》をからだの外《そと》に振《ふ》りぬく

キックミート練習法《れんしゅうほう》④
〜ブロックをぬく〜

▲正面《しょうめん》のキックミートの要領《ようりょう》で、ブロッカーの上《うえ》をぬくようにふんわりとしたドライブをかける

スパイク練習《れんしゅう》①

一足跳《いっそくと》びを練習《れんしゅう》しよう

ラリー中《ちゅう》は助走《じょそう》が取《と》れない場合《ばあい》があります。そんなとき、この一足跳《いっそくと》びができると、どんな状況《じょうきょう》からでもスパイクを打《う》つことができます。

一足跳《いっそくと》びはこんなときに使《つか》える！
～実際《じっさい》の動《うご》きをチェック～

▲トスが来《く》るとわかったら方向転換《ほうこうてんかん》

▲自分《じぶん》のポジションに戻《もど》る

▲ブロックする

▲両足《りょうあし》で着地《ちゃくち》する

▲真上《まうえ》にジャンプしてダイレクトで来《く》るボールを打《う》つ

この練習《れんしゅう》の狙《ねら》い！

①自分《じぶん》の重心移動《じゅうしんいどう》を身《み》につける

②跳《と》び箱《ばこ》から両足《りょうあし》で下《お》りることでその力《ちから》を上《うえ》につなげる

▲スパイクを打《う》つ

▲1歩《ぽ》でふみきる

▲ボールに対《たい》してからだを向《む》き直《なお》す

応用編《おうようへん》

いろいろなトスを打《う》つ

ダイレクトになれてきたら、ボールの来《く》る方向《ほうこう》、ボールの高《たか》さを工《く》夫《ふう》して行《おこな》う

一足跳《いっそくと》び練習法《れんしゅうほう》

▲跳《と》び箱《ばこ》とマットをネット前《まえ》に用意《ようい》。跳《と》び箱《ばこ》の上《うえ》に乗《の》る

▲跳《と》び箱《ばこ》から下《お》りる

実戦《じっせん》に近《ちか》いスパイクを打《う》つ

試合中《しあいちゅう》はさまざまなことがおこります。ふだんからいろいろな場面《ばめん》、試合《しあい》の流《なが》れを考《かんが》えてスパイク練習《れんしゅう》をしましょう。

この練習《れんしゅう》の狙《ねら》い!

右目《みぎめ》と左目《ひだりめ》で視野《しや》の角度《かくど》が違《ちが》う。あらゆる方向《ほうこう》（左《さ》右《ゆう》、前《まえ》うしろ、高《たか》さ）からトスをあげてもらい、いろいろなスパイクを打《う》てるように練習《れんしゅう》しよう

…コーチ　…選手《せんしゅ》　…助走《じょそう》ライン　…トス方向《ほうこう》

パターン 1

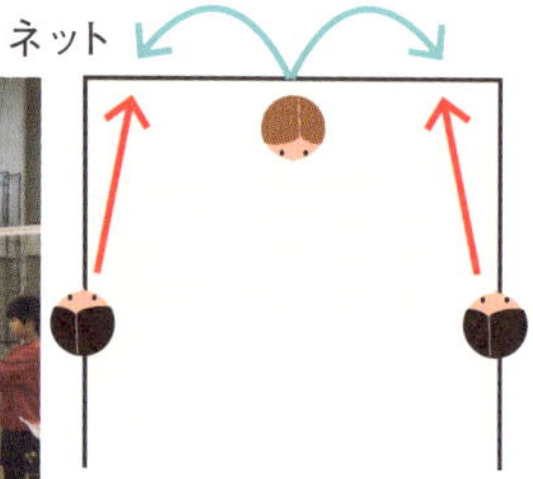

◀レフト or ライトからの攻撃《こうげき》

パターン 2

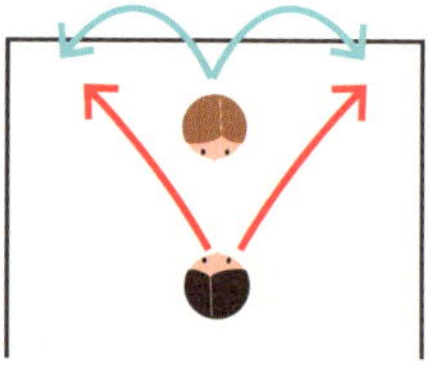

◀センターからレフト or ライト方向《ほうこう》に移動《いどう》しての攻撃《こうげき》〔短《みじか》いトス〕

パターン 3

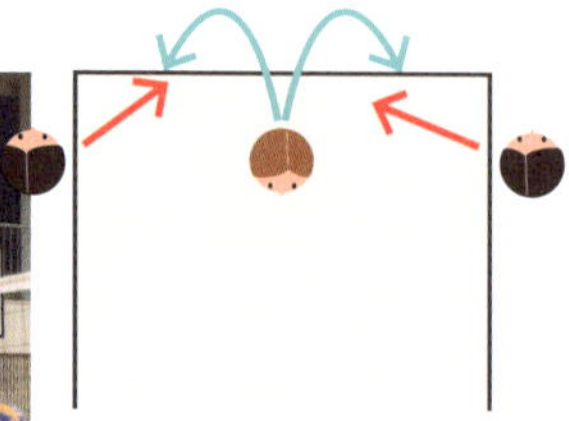

▲レフト or ライトからセンターにはいってきての攻撃《こうげき》

参考《さんこう》ページ
P.24 ～ 25
耳《みみ》と目《め》の運動《うんどう》

サインが出《で》たらゴー！

パターン4

▼センターからレフト or ライト方向《ほうこう》に移動《いどう》しての攻撃《こうげき》〔長《なが》いトス〕

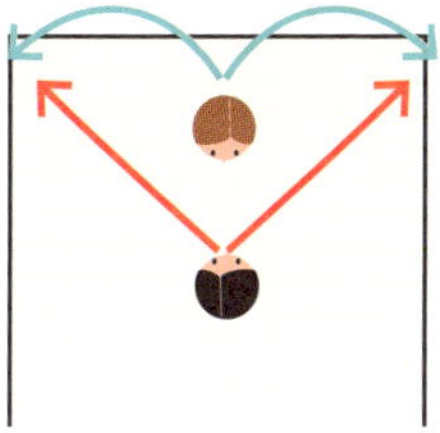

パターン5

▼エンドラインからセンターに走って来《き》ての攻撃《こうげき》〔左《ひだり》、右《みぎ》〕

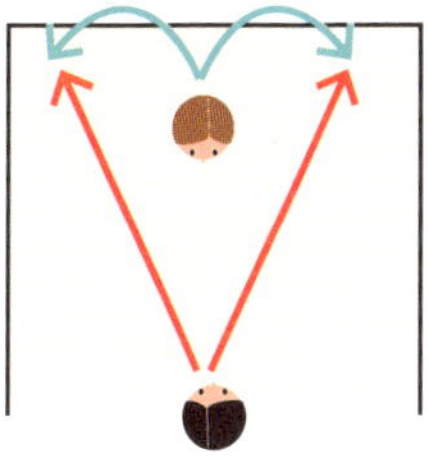

パターン6

▼うしろから来《く》るボールを打《う》つ攻撃《こうげき》〔左《ひだり》、右《みぎ》〕

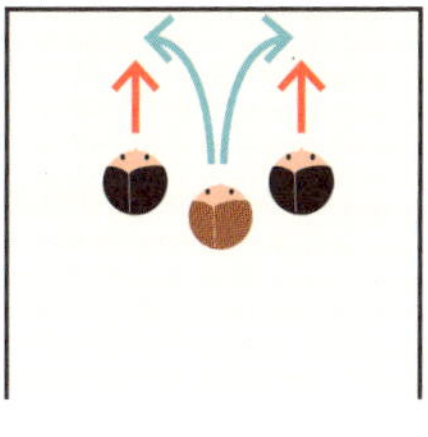

パターン7

▼ハイセット（高《たか》いトス）からの攻撃《こうげき》〔レフト、ライト〕

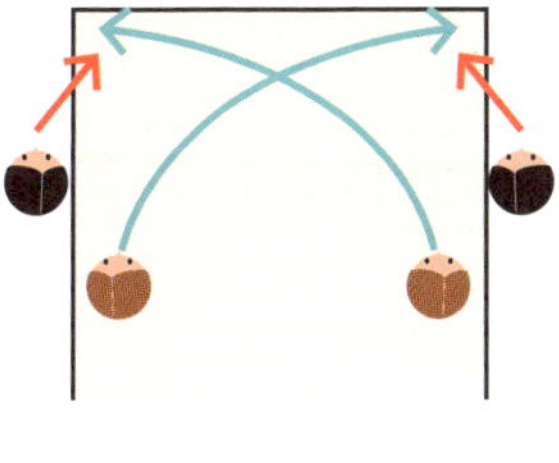

第《だい》4章《しょう》 スパイクのまとめ

タイミングとミートに気《き》をつけよう

スパイクで注意《ちゅうい》してほしいのは、一番《いちばん》高《たか》いところでボールを捕《と》らえているか、ということです。強《つよ》いスパイクが打《う》てていたとしてもヒジが下《さ》がったまま（＝打《だ》点《てん》が低《ひく》いまま）打《う》ち続《つづ》けると、間違《まちが》った打《う》ち方《かた》を覚《おぼ》えてしまいます。悪《わる》いクセはなかなか直《なお》せないので、最初《さいしょ》が肝心《かんじん》です。

次《つぎ》に意識《いしき》してほしいのがミートです。この章《しょう》ではミート練習《れんしゅう》をたくさん紹介《しょうかい》しましたが、ミートができないとねらったところにボールがいきません。

スパイクは助走《じょそう》、ジャンプ、スイングといろいろな動《うご》きが組《く》み合《あ》わさっているため、はじめはむずかしいかもしれませんが、反復練習《はんぷくれんしゅう》すればできるようになります。サーブと同《おな》じように何本《なんぼん》も打《う》つことを心《こころ》がけましょう。

そして、ある程度《ていど》、打《う》てるようになったら、いろいろなところからトスをあげてもらって打《う》つようにしましょう。とにかく自分《じぶん》のからだで覚《おぼ》えることが大事《だいじ》です。

第《だい》5章《しょう》

ブロックでまもる

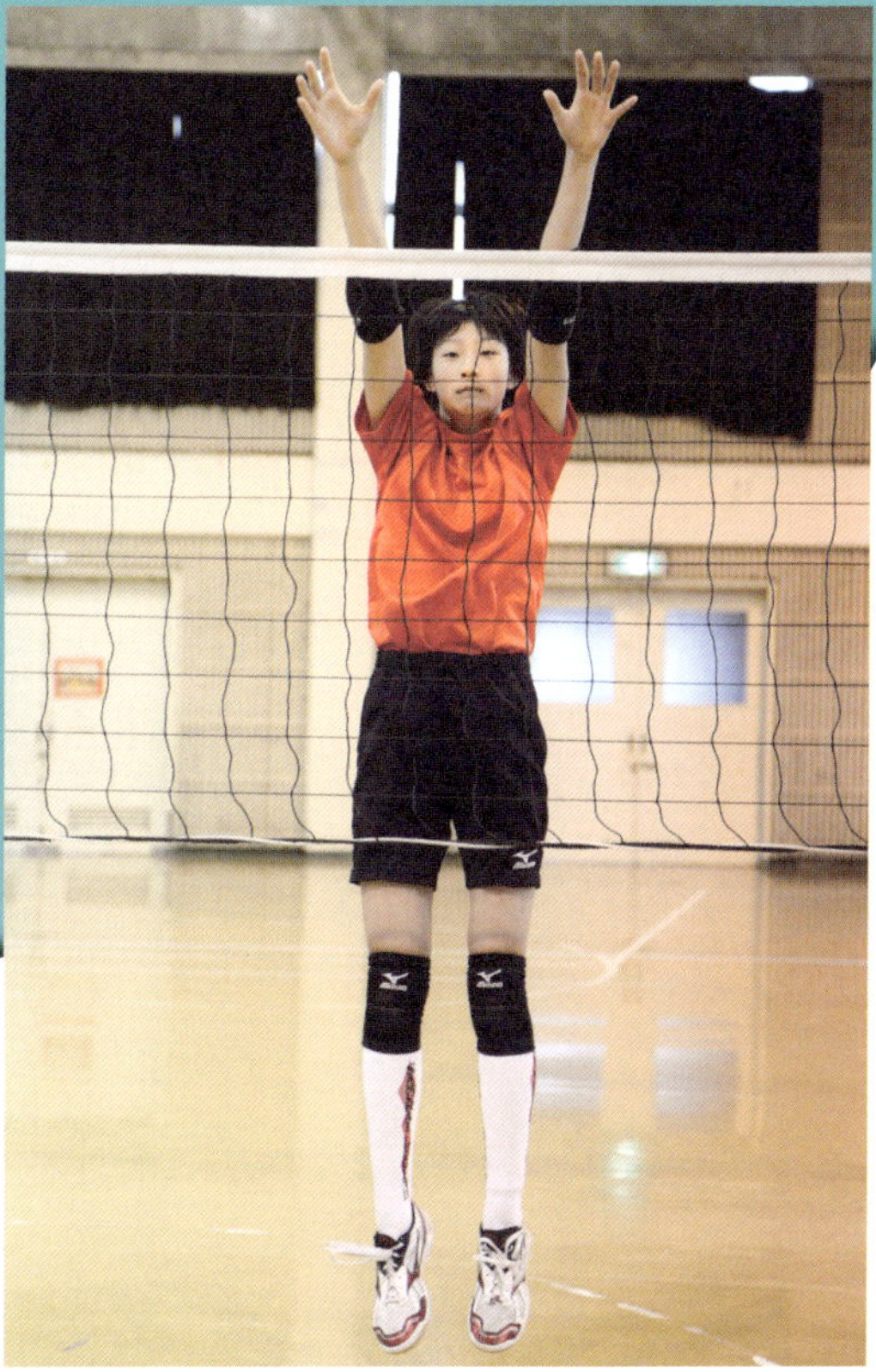

すぐに動《うご》ける体勢《たいせい》で待《ま》つ

ブロックは、相手《あいて》の攻撃《こうげき》を読《よ》んで動《うご》くプレーです。動《うご》きやすいかまえでいることが大事《だいじ》です。

理想的《りそうてき》なかまえ

POINT
親指《おやゆび》のつけ根《ね》に体重《たいじゅう》が乗《の》っている
軽《かる》くヒザがまがり、すぐにジャンプできる体勢《たいせい》

ブロックには目的《もくてき》がある

ブロックとは相手《あいて》のスパイクを封《ふう》じるプレーです。レシーバーよりも先《さき》にボールにさわるブロックは最初《さいしょ》の守備《しゅび》であり、シャットアウトすれば攻撃的《こうげきてき》な一面《いちめん》を持《も》ちます。

ブロックには目的《もくてき》があり、止《と》めるブロック、コースをふさぐブロック、チャンスをもらうブロックなどがあります。どれも同《おな》じブロックですが、意味合《いみあ》いは全部違《ぜんぶちが》います。これは戦術的《せんじゅつてき》なことや経験《けいけん》によってわかってくることなので、いまは正《ただ》しいフォーム＆動《うご》きを覚《おぼ》えることからはじめましょう。

ワンポイントアドバイス

ネットとの距離感《きょりかん》は片手《かたて》の長《なが》さ

かまえる位置《いち》はネットに近《ちか》すぎても遠《とお》すぎてもダメ。目安《めやす》としては片手《かたて》を地面《じめん》と平行《へいこう》になるようにあげて、ネットが指先《ゆびさき》にさわるくらいの位置《いち》でかまえるといい

POINT

手《て》をあげてかまえる

ダイレクトボールに対応《たいおう》できるように手《て》をネットの上《うえ》に近《ちか》いところでかまえる。ただしサーブのときは下《さ》げておかないと「スクリーン」という反則《はんそく》をとられる可《か》能性《のうせい》がある

ネットに近《ちか》すぎる

タッチネットしてしまう。ふみこむ場所《ばしょ》がなく動《うご》きづらい

足幅《あしはば》がせまい

跳《と》びづらい

手《て》が下《さ》がっている

ブロックの対応《たいおう》が遅《おく》れる

手《て》がひらきすぎている

力《ちから》がはいりづらい。腕《うで》がじゃまで2人《ふたり》で並《なら》んで跳《と》べない

跳《と》ぶ前《まえ》に空中姿勢《くうちゅうしせい》を確認《かくにん》する

正《ただ》しいかまえを覚《おぼ》えたら、実際《じっさい》に跳《と》ぶ前《まえ》にジャンプしたときのフォームをチェックしておきましょう。

①背中《せなか》がまっすぐ
②顔《かお》と腕《うで》のあいだにすき間《ま》がある
③つま先《さき》をあげる

Vの字《じ》になっている

指《ゆび》を広《ひろ》げて跳《と》ぶとボールにさわる可能性《かのうせい》は高《たか》くなるが、小指《こゆび》の先《さき》に当《あ》たってもボールを押《お》さえこむことができないので、１対《たい》４（親指《おやゆび》とそのほかの指《ゆび》）の形《かたち》でいい

ワンポイントアドバイス

手《て》が前《まえ》に出《で》ない人《ひと》はつま先《さき》をあげる

空中《くうちゅう》で手《て》を前《まえ》に出《だ》せない人は、つま先《さき》を意識《いしき》しよう。ジャンプしたときにつま先《さき》をキュッとあげることで自然《しぜん》と手《て》は前《まえ》に出《で》る。練習《れんしゅう》ではとくにこのことを意識《いしき》して行《おこな》うとよい

手《て》のあいだを広《ひろ》げすぎ

ワンタッチをねらわれる

ヒジがまがる

力《ちから》がはいらない。高《たか》さが足《た》りない。手《て》を前《まえ》に出《だ》せない

頭《あたま》を突《つ》っ込《こ》む

相手《あいて》の動《うご》き、ボールが見《み》えない

腕《うで》がうしろすぎる

腕《うで》を左右《さゆう》に動《うご》かせない

ブロックの達人《たつじん》になろう！

ブロックがよりうまくなる練習法《れんしゅうほう》を紹介《しょうかい》。フォームの矯正《きょうせい》や正《ただ》しい形《かたち》を覚《おぼ》えるのに役立《やくだ》ててください。

MENU 1

手《て》の間隔《かんかく》を覚《おぼ》える練習《れんしゅう》

手《て》と手《て》のあいだはせますぎても広《ひろ》すぎてもダメ。ボールが手《て》のあいだをすりぬけていかないくらいがベスト。ネットの１マスぶんが10センチなので、２マスを目安《めやす》にして手《て》を出《だ》そう。ちょうどボールの直径《ちょっけい》と同《おな》じ20センチくらいの手《て》の間隔《かんかく》になるので、ボールがぬけていかない。この幅《はば》を忘《わす》れないように！

▶２マスぶんあけてネットから手《て》を出《だ》す。まずはこの間隔《かんかく》を覚《おぼ》えることが大事《だいじ》

MENU 2

床《ゆか》を使《つか》って空中姿勢《くうちゅうしせい》をつくる練習《れんしゅう》

▼腕立《うでた》て伏《ふ》せのような体勢《たいせい》から腕《うで》をできるだけ前《まえ》についていく

跳《と》ぶ前《まえ》に床《ゆか》で形《かたち》をつくって正《ただ》しい位置《いち》を覚《おぼ》える。背中《せなか》をまっすぐにし、支《ささ》えている手《て》をできるだけ前《まえ》にしてキープ。この感覚《かんかく》をからだに記憶《きおく》させる

MENU 3

手首《てくび》の返《かえ》し方《かた》の練習《れんしゅう》

ネットから手《て》を出《だ》してかまえる（MENU 1参照《さんしょう》）。チームメイトにボールを打《う》ってもらい、手首《てくび》を返《かえ》す。手《て》の幅《はば》を変《か》えずに手首《てくび》を返《かえ》し、自分《じぶん》の思《おも》ったところに落《お》とせればＯＫ。ネットによりかからないで行《おこな》うのがポイント

◀手《て》と手《て》のあいだは、２マスぶん。ネットから手《て》を出《だ》し、手首《てくび》の使《つか》い方《かた》を覚《おぼ》える

MENU 4

ジャンプして手《て》を出《だ》す練習《れんしゅう》

◀マーカー（ネットから20センチ上《うえ》あたり）にゴムを取《と》りつける。ブロックのかまえからジャンプして、ネットとゴムのあいだから手《て》を前《まえ》に出《だ》す

実際《じっさい》にジャンプして空中《くうちゅう》の姿勢《しせい》を確認《かくにん》してみる。ネットから20センチ上《うえ》にゴムを取《と》りつけ、そのすき間《ま》に手《て》をいれ込《こ》むように跳《と》ぶ。跳《と》んだときに118ページのポイントが押《お》さえられていたらグッド

距離《きょり》とスピードで使《つか》いわける

ブロックのステップは5種類《しゅるい》あります。距離《きょり》によって適《てき》したステップが変《か》わるので、まずはその違《ちが》いを頭《あたま》にいれておきましょう。

距離《きょり》によって変《か》わるステップ

① 自分《じぶん》の目《め》の前《まえ》
クイックワン（その場《ば》でジャンプ）
（P.123）
② 1歩《ほ》横《よこ》
サイドステップを使《つか》う（P.124 ～ P.125）
③ 2歩《ほ》横《よこ》
クロスステップを使《つか》う（P.126 ～ P.127）
④ 3歩《ほ》横《よこ》
ジャブクロスを使《つか》う（P.128 ～ P.129）
⑤ 4歩《ほ》横《よこ》
ジャブクロス & バックスイングを使《つか》う
（P.128 ～ P.129）

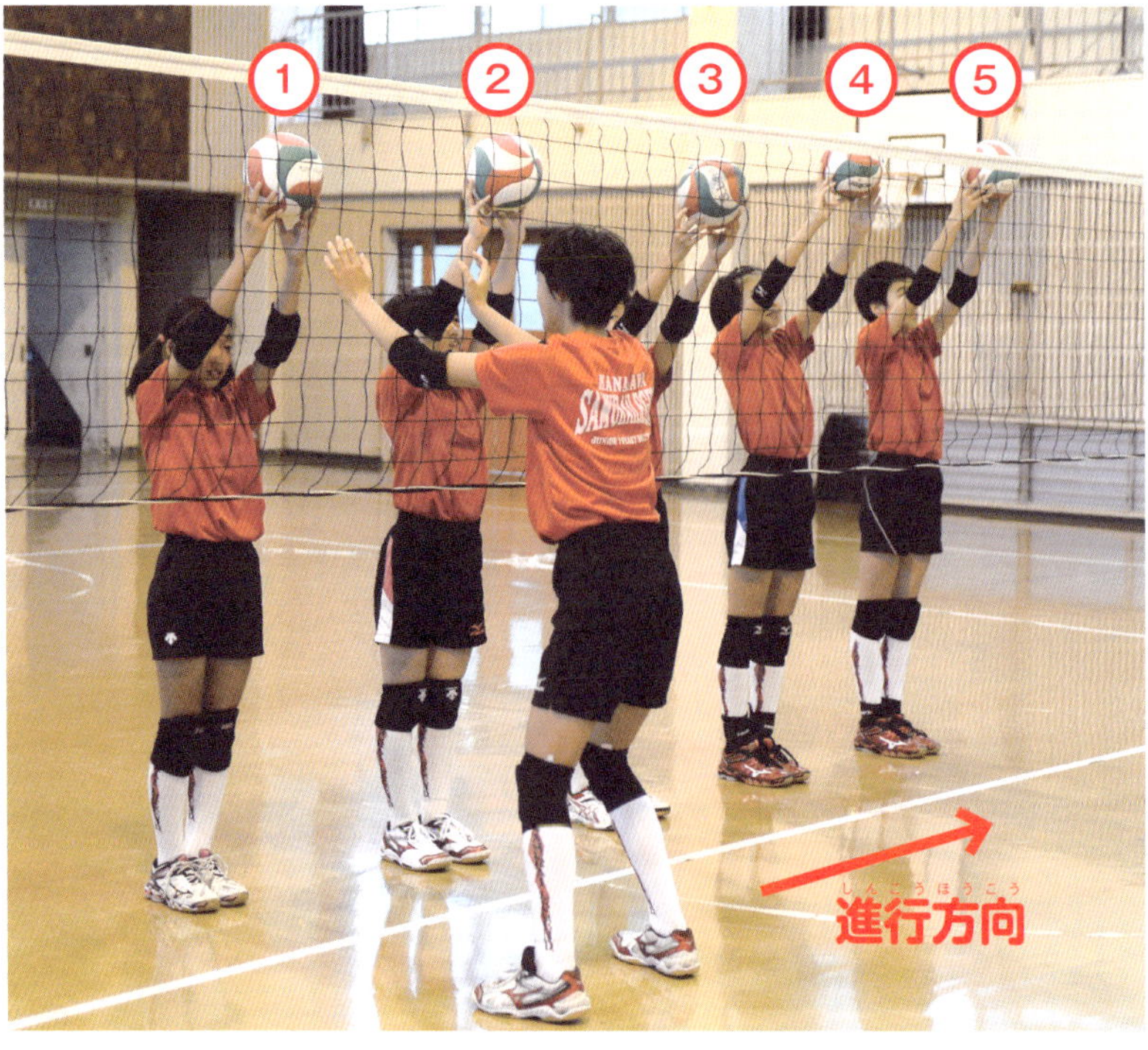

かまえからその場《ば》でジャンプ

ダイレクトボールや自分《じぶん》の目《め》の前《まえ》の選手《せんしゅ》が跳《と》ぶときに使《つか》うステップです。

ここを CHECK!

基本《きほん》のブロックを復習《ふくしゅう》しておこう！

〔かまえ〕

①すぐにジャンプできる体勢《たいせい》
②両足《りょうあし》の親指《おやゆび》のつけ根《ね》に体重《たいじゅう》が乗《の》っている
③手《て》をあげて待《ま》っている

〔空中姿勢《くうちゅうしせい》〕

①背中《せなか》はまっすぐになっている
②顔《かお》と腕《うで》のあいだにすき間《ま》がある
③手《て》はVの字《じ》

▲ジャンプして、両手《りょうて》を出《だ》す

▲1歩《ぽ》前《まえ》に出《で》て両足《りょうあし》でふみこむ

▲かまえは同《おな》じ

横《よこ》に1歩《ぽ》はサイドを使《つか》う

横移動《よこいどう》の基本《きほん》となるステップです。左右《さゆう》に動《うご》く練習《れんしゅう》をしましょう。

POINT

動《うご》きやすいかまえから すばやく反応《はんのう》する

▲ボールが来《き》たほうの足《あし》（写真《しゃしん》、右足《みぎあし》）を横《よこ》に1歩《ぽ》ふみ出《だ》す

▲かまえは同《おな》じ

ブロックのマメ知識《ちしき》

昔《むかし》と違《ちが》って注目度《ちゅうもくど》があがってきているブロック。116ページでも少《すこ》しふれたが、ブロックの考《かんが》え方《かた》には違《ちが》いがあるので覚《おぼ》えておこう

POINT

ヒザを伸《の》びきらないように注《ちゅう》意《い》

▲両手《りょうて》をあげてジャンプする

▲左足《ひだりあし》を引《ひ》き寄《よ》せ両足《りょうあし》でふみきる

①キルブロック	スパイクを止《と》める（背《せ》が高《たか》い子《こ》向《む》き）
②ゾーンブロック	相手《あいて》の得意《とくい》のコースをふさぐ
③コントロールブロック	コートのなかにいれる、ボールをコントロールする（背《せ》が小《ちい》さい子《こ》向《む》き）
④プレッシャーブロック	かまえの段階《だんかい》で相手《あいて》の攻撃《こうげき》を予想《よそう》してプレッシャーをかける

2歩《ほ》ぶんの移動《いどう》はクロスステップで

サイドステップよりも距離《きょり》がある場合《ばあい》はクロスステップを使《つか》います。

▲ボールが来《き》たほうを向《む》く

▲かまえは同《おな》じ

▼右足《みぎあし》→左足《ひだりあし》の順《じゅん》で床《ゆか》につき両足《りょうあし》でふみきる

▲右足《みぎあし》を前《まえ》にクロスさせる

▲横《よこ》に移動《いどう》する力《ちから》を左足《ひだりあし》でストップし、上《うえ》にジャンプする

POINT

腰《こし》をいれる

▲横《よこ》に移動《いどう》する力《ちから》を右足《みぎあし》でストップし、上《うえ》にジャンプする

▲左足《ひだりあし》→右足《みぎあし》の順《じゅん》で床《ゆか》につき両足《りょうあし》でふみきる

▲左足《ひだりあし》を前《まえ》にクロスさせる

ワンポイントアドバイス

クロスステップは最後《さいご》のふみきりに気《き》をつける

右《みぎ》に動《うご》くときは「左足《ひだりあし》→右足《みぎあし》」の順《じゅん》で足《あし》をつきジャンプするので問題《もんだい》ないが、左《ひだり》に動《うご》くときは最後《さいご》のふみきりが「右足《みぎあし》→左足《ひだりあし》」と逆《ぎゃく》になるので、足《あし》の切《き》りかえに注意《ちゅうい》！

▲かまえは同《おな》じ

▲ボールが来《き》たほうを向《む》く

さらに遠《とお》い距離《きょり》はジャブ×クロス！

クロスステップにはいる前《まえ》に、大《おお》きく1歩《ぽ》ふみ出《だ》すことでさらに遠《とお》くのボールにさわることができるステップです。

④ ジャブクロスステップ

▲ボールが来《き》たほうの足《あし》（右《みぎ》）を1歩《ぽ》出《だ》す（ジャブ）

▲かまえは同《おな》じ

⑤ ジャブクロスステップ＋バックスイング

ジャブクロスよりもさらに遠《とお》くへ行《い》くときは、バックスイングを使《つか》う

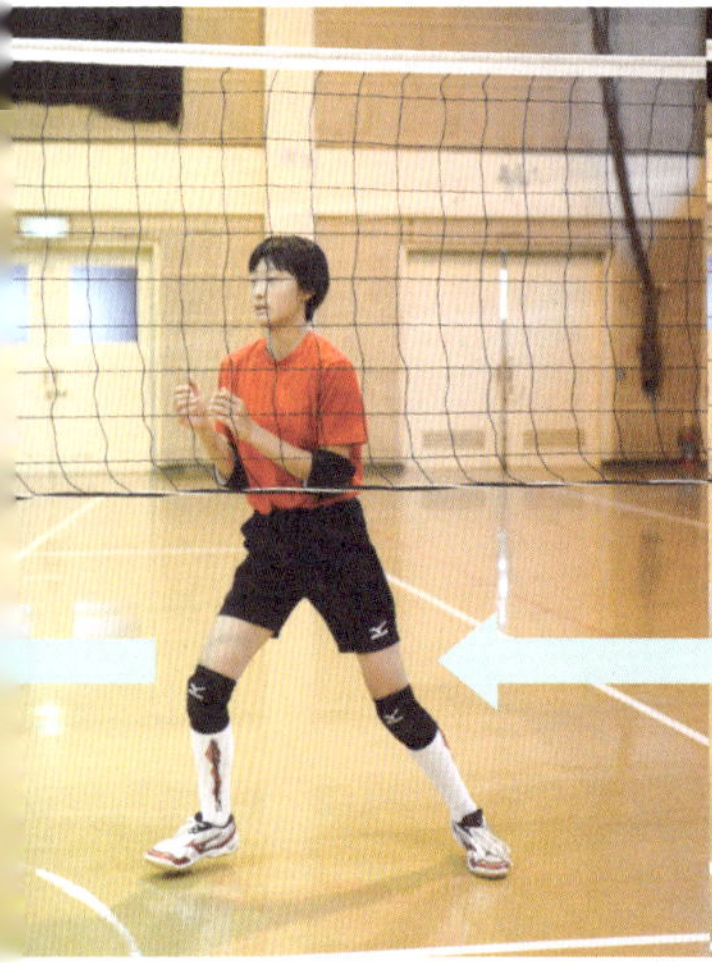

▲かまえからジャブを出《だ》すところまでは、通常《つうじょう》のジャブクロスと同《おな》じ

▲横《よこ》に移動《いどう》する力《ちから》を右《みぎ》足《あし》でストップし、上《うえ》にジャンプする

▲左足《ひだりあし》→右足《みぎあし》の順《じゅん》で床《ゆか》につき両足《りょうあし》でふみきる

▲そのまま左足《ひだりあし》をクロスさせる

▲左足《ひだりあし》を右足《みぎあし》に引《ひ》き寄《よ》せる

▼左足《ひだりあし》をクロスさせると同時《どうじ》に、バックスイングにはいる

▲左足《ひだりあし》→右足《みぎあし》の順《じゅん》で床《ゆか》につき、両足《りょうあし》ふみきり＋バックスイングの力《ちから》でジャンプする

第《だい》5章《しょう》 ブロックのまとめ

すぐに動《うご》ける体勢《たいせい》でいよう

まずはボールにさわりにいくことからはじめましょう。タイミングがわかるようになれば、シャットアウトできなくても、ワンタッチでボールは上《うえ》に跳《は》ねあがります。

ブロックがうまい人《ひと》は相手《あいて》の攻撃《こうげき》を読《よ》むのが上手《じょうず》です。つまり相手《あいて》の動《うご》きを見《み》ているということ。最初《さいしょ》はトスを見《み》て、次《つぎ》はスパイカーのからだの向《む》き、目線《めせん》を見《み》てどこに打《う》つのかを予測《よそく》します。そこから準備《じゅんび》するのでは遅《おそ》いので、すぐに動《うご》ける体勢《たいせい》をととのえておくことが大事《だいじ》です。もちろん、ジャンプ力《りょく》も必要《ひつよう》ですね。小学生《しょうがくせい》のうちはハードなトレーニングはできませんが、第《だい》1章《しょう》で紹介《しょうかい》したような最低限《さいていげん》の運動《うんどう》はふだんからしておきましょう。跳《と》べなければ空中《くうちゅう》で相手《あいて》を見《み》ることはできません。

それからネットタッチには要注意《ようちゅうい》です。ネットにさわってしまうのは、前《まえ》に跳《と》んでいるからです。前《まえ》に跳《と》ぶと、ケガをする可能性《かのうせい》もあるので気《き》をつけましょう。

はじめてのバレーボール①

審判《しんぱん》シグナルを覚《おぼ》えよう

～ラインジャッジ編《へん》～

練習《れんしゅう》試合《じあい》や紅白戦《こうはくせん》などでは選手《せんしゅ》が審判《しんぱん》を行《おこな》うことがあります。プレーも大事《だいじ》ですが、主審《しゅしん》＆線審《せんしん》のシグナルを覚《おぼ》え、できるだけ審判《しんぱん》をできるようにしておきましょう。

ボールコンタクト

（選手《せんしゅ》にボールが当《あ》たったあと、ボールがコートの外《そと》に落《お》ちたとき）

フラッグを立《た》て、反対《はんたい》の手《て》のひらをその上《うえ》にのせる

ボールアウト

（コートの外《そと》にボールが落《お》ちたとき）

フラッグを真上《まうえ》にあげる

ボールイン

（コートの中《なか》にボールが落《お》ちたとき）

フラッグを下《さ》げる

見《み》えなかったときはどうするの？

判定不能《はんていふのう》

両腕《りょううで》を胸《むね》の前《まえ》でクロスさせる。でも、できるだけきちんと見《み》て、このシグナルを出《だ》さないようにしよう！

ボールのアンテナ外通過《がいつうか》／外部《がいぶ》の物体《ぶったい》への接触《せっしょく》／サービス時《じ》の選手《せんしゅ》のフットフォルト

アンテナまたはエンドラインを人《ひと》さし指《ゆび》で示《しめ》し、フラッグを頭《あたま》の上《うえ》で左右《さゆう》に振《ふ》る

はじめてのバレーボール①

審判《しんぱん》シグナルを覚《おぼ》えよう
～主審《しゅしん》と副審編《ふくしんへん》～

セット（ゲーム）の終了《しゅうりょう》

（セット、あるいはゲームが終《お》わったとき）

両腕《りょううで》を胸《むね》の前《まえ》でクロスさせる

サービスを行《おこな》うチーム

（ポイントしたとき）

サービス側《がわ》の腕《うで》を真横《まよこ》にあげる

サービス許可《きょか》

（サービスを打《う》つときの合図《あいず》）

サービスする側《がわ》のチームを指《さ》したあと、サーブを打《う》つ方向《ほうこう》に動《うご》かす

タイムアウト

（監督《かんとく》またはキャプテンがタイムの要求《ようきゅう》をしたとき）

片方《かたほう》の手《て》を垂直《すいちょく》に立《た》て、その上《うえ》に反対側《はんたいかわ》の手《て》のひらを乗《の》せてTの字《じ》をつくる。そして、要求《ようきゅう》したチームを指《さ》す

コートチェンジ

（セット間《かん》や3セット目《め》の8点《てん》になったとき）

からだの前《まえ》に左腕《ひだりうで》をかまえ、右腕《みぎうで》はうしろ。笛《ふえ》と同時《どうじ》に左腕《ひだりうで》をうしろ、右腕《みぎうで》を前《まえ》にまわす

ポジショナルフォルト

（ポジションまたはローテーションの反則《はんそく》）

人《ひと》さし指《ゆび》を下《した》に向《む》け、円《えん》をえがく

ディレイインサービス

（サービス許可《きょか》のあと8秒以内《びょういない》に打《う》たなかったとき）

指《ゆび》を8本《ほん》、広《ひろ》げてあげる

サブスティチューション

（選手交代《せんしゅこうたい》のとき）

両手《りょうて》を軽《かる》く握《にぎ》り、からだの前《まえ》で回転《かいてん》させる

ボールアウト

（コート外《がい》にボールが落《お》ちたとき）

両手《りょうて》のひらを自分《じぶん》のほうに向《む》けて垂直《すいちょく》にあげる

ボールイン

（コート内《ない》にボールが落《お》ちたとき）

ボールが落《お》ちた側《がわ》のコートを指《さ》す

ダブルコンタクト

（同《おな》じ選手《せんしゅ》がボールを２度連続《どれんぞく》でさわったとき）

指《ゆび》を２本伸《ほんの》ばし、その手《て》をあげる

キャッチ

（選手《せんしゅ》がボールを持《も》ってしまったとき）

片方《かたほう》の手《て》のひらを上《うえ》に向《む》け、垂直《すいちょく》にゆっくり持《も》ちあげる

ブロックの反則《はんそく》

（サービス側《がわ》のチームの選手《せんしゅ》がサーバーを見《み》えなくしたときなど）

手《て》のひらを前《まえ》に向《む》け、両手《りょうて》をあげる

ペネトレーションフォルト

（選手《せんしゅ》がオーバーネットしたとき）

手《て》のひらを下《した》に向《む》けネットの上《うえ》にかざす

タッチネット

（選手《せんしゅ》がネットにさわったときやサービスがネットを越《こ》えないとき）

反則《はんそく》したチーム側《がわ》のネットを示《しめ》す

フォアヒット

（３回以内《かいいない》でボールを返《かえ》すことができなかったとき）

指《ゆび》を４本伸《ほんの》ばし、その手《て》をあげる

ボールコンタクト

（選手《せんしゅ》がボールにさわったあと、ボールがコートの外《そと》に落《お》ちたとき）

手《て》の甲《こう》を外《そと》に向《む》けて立《た》て、その指先《ゆびさき》を反対《はんたい》の手《て》でブラシをかけるようにこする

ダブルフォルト

（両《りょう》チームが同時《どうじ》に反則《はんそく》したとき）

両方《りょうほう》の親指《おやゆび》を立《た》て、両腕《りょううで》をあげる

ペネトレーションフォルト

（ボールがネット下《した》を通《とお》ったとき・サーバーがエンドラインにふれたときなど）

人《ひと》さし指《ゆび》でセンターライン、またはそのラインを指《さ》す

はじめてのバレーボール②

コートの大《おお》きさ&ネットの高《たか》さは？

小学生《しょうがくせい》のコートは大人《おとな》のサイズよりも小《ちい》さく、ネットも低《ひく》くなります。ボールも小学生用《しょうがくせいよう》の軽《かる》いものを使《つか》うので、ここで紹介《しょうかい》しておきましょう。

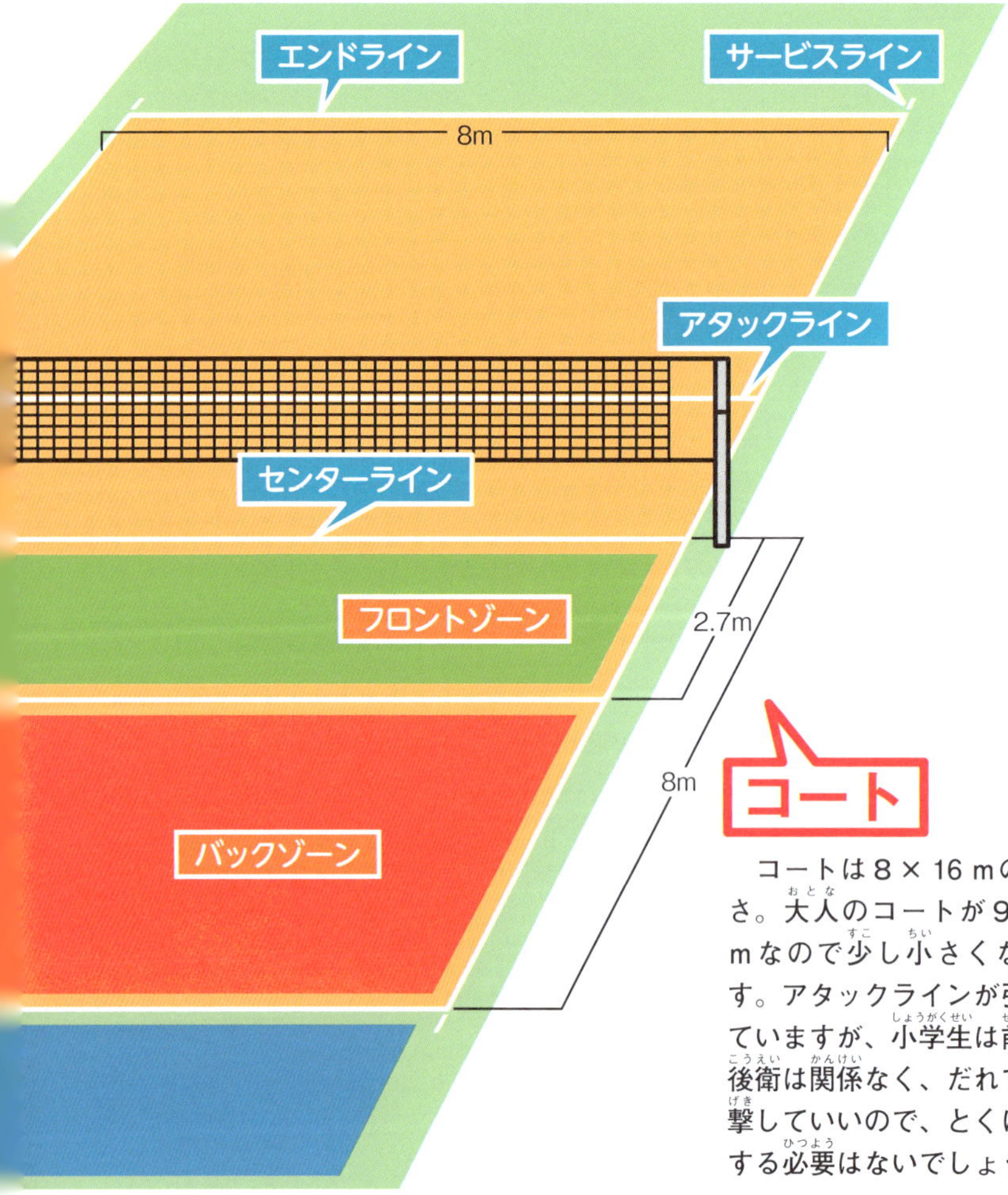

コート

コートは8×16 mの大《おお》きさ。大人《おとな》のコートが9×18 mなので少《すこ》し小《ちい》さくなります。アタックラインが引《ひ》かれていますが、小学生《しょうがくせい》は前衛《ぜんえい》&後衛《こうえい》は関係《かんけい》なく、だれでも攻《こう》撃《げき》していいので、とくに気《き》にする必要《ひつよう》はないでしょう。

アンテナ

ネットにアンテナ（ネット上《じょう》のサイドラインを示す目印《めじるし》）を取《と》りつけます。取《と》りつける場所《ばしょ》は、レフト側《がわ》のサイドライン上《じょう》となります。

ライン上《じょう》にくるように仲間《なかま》に見《み》てもらいながら取《と》りつける

小学生用《しょうがくせいよう》ボール

ボールは４号軽《ごうけい》量球《りょうきゅう》を使《つか》います。サイズは中学生《ちゅうがくせい》が使用《しよう》するものと同《おな》じですが、通常《つうじょう》の４号《ごう》球《きゅう》より 40 g ほど軽《かる》いのが特長《とくちょう》です。

直《ちょっ》　径《けい》：20cm
重《じゅう》　量《りょう》：200 ～ 220g
内気圧《ないきあつ》：294.3 ～ 318.82hPa

はじめてのバレーボール③

ゲーム方法《ほうほう》を知《し》っておこう

小学生《しょうがくせい》のバレーボールには独自《どくじ》のルールがあります。
ここでは最低限《さいていげん》、知《し》っておきたいことを紹介《しょうかい》します。
しっかり覚《おぼ》えて、どんどん試合《しあい》に出《で》てみましょう。

1 6対《たい》6のチームスポーツ ボールを落《お》とさずに3回以内《かいいない》に返《かえ》す

バレーボールは、ネットでわけられたコートにそれぞれ6人《にん》ずつの選手《せんしゅ》がはいって行《おこな》います。ボールを落《お》とさずに、仲間《なかま》と協力《きょうりょく》して3回以内《かいいない》のヒット（タッチ）で相手《あいて》のコートに返《かえ》すスポーツです。相手《あいて》コートにボールが落《お》ちたり、相手《あいて》がミスをしたら得点《とくてん》となります。

2 1セットは21点《てん》まで先《さき》に2セット取《と》ったチームの勝《か》ち

小学生《しょうがくせい》のバレーボールは、1セットが21点先取《てんせんしゅ》。セットごとにコートチェンジし、先《さき》に2セット取《と》ったチームが勝利《しょうり》します。20対《たい》20になった場合《ばあい》は、2点差《てんさ》をつけて勝《か》つまで試合《しあい》は続《つづ》きます。ただし3セット目《め》は15点先取《てんせんしゅ》でどちらかのチームが8点《てん》を取《と》った時点《じてん》でコートチェンジとなります。

3 サーブに関係《かんけい》なく点数《てんすう》が入る「ラリーポイント制《せい》」

サーブ権《けん》の有《う》無《む》にかかわらずラリーに勝《か》ったほうに得点《とくてん》がはいることを「ラリーポイント制《せい》」といいます。ポイントがはいったチームは、次《つぎ》のサーブを打《う》つことができます。サーブしていないチームが得点《とくてん》した場合《ばあい》はサーブ権《けん》が移《うつ》り、サーブ権《けん》のあるチームが得点《とくてん》した場合《ばあい》は、同《おな》じ人《ひと》がサーブを打《う》ちます。

4 ローテーションなしの「フリーポジション制《せい》」

みなさんがテレビで見《み》ているような大人《おとな》のバレーボールは、6人制《にんせい》のローテーション制《せい》ですが、小学生《しょうがくせい》はフリーポジション制《せい》です。セッターを除《のぞ》く全選手《ぜんせんしゅ》がスパイカーになれるということなので、攻撃《こうげき》パターンも豊富《ほうふ》です。これは小学生独自《しょうがくせいどくじ》のルールなので覚《おぼ》えておきましょう。

5 テクニカルタイムの導入《どうにゅう》メンバーチェンジは12回《かい》まで

タイムアウトはチームごとに各《かく》セット2回《かい》までOKですが、さらに給水目的《きゅうすいもくてき》のテクニカルタイムアウトがあります。1、2セットはリードするチームが11点《てん》に、3セット目《め》は8点《てん》に達《たっ》したときに自動的《じどうてき》にタイムとなります。また選手交代《せんしゅこうたい》は1セットに12回《かい》まで認《みと》められています。

＊上記《じょうき》ルールは、2014年度《ねんど》のもの。

はじめてのバレーボール④

クールダウン&アイシングのすすめ

バレーボールは筋肉《きんにく》と関節《かんせつ》をたくさん使《つか》うスポーツです。練習《れんしゅう》の終《お》わりにはクールダウンのストレッチをやるようにしましょう。短《みじか》い時間《じかん》の練習《れんしゅう》でもストレッチの習慣《しゅうかん》を身《み》につけることが大事《だいじ》です。

とくに太《ふと》ももやもも裏《うら》の大《おお》きな筋肉《きんにく》はかたまりやすいので、時間《じかん》がなくても、このあたりのストレッチは最低限《さいていげん》やったほうがいいでしょう。

それから肩《かた》、ヒジ、ヒザなどに痛《いた》みがある場合《ばあい》は、アイシングをやりましょう。アイシングは悪《わる》い血流《けつりゅう》を流《なが》す目的《もくてき》で行《おこな》います。氷《ひょう》のうなどを使《つか》うと簡単《かんたん》に冷《ひ》やすことができます。20 分《ぷん》を目安《めやす》にやるといいでしょう。

1日練習《にちれんしゅう》したときなどはとくに冷《ひ》やすように！　ケガなく、長《なが》くプレーするためにはこういった日々《ひび》の積《つ》み重《かさ》ねが必要《ひつよう》です。

バレーボール用語集《ようごしゅう》

〈さくいん〉

ア

アタッカー ……70

スパイクしてポイントを取《と》ることを役目《やくめ》とする選手《せんしゅ》。スパイカーともいう

アタックライン ……42・43・134

コートの中央《ちゅうおう》から3メートル（子《こ》どもは2・7メートル）の位置《いち》に引《ひ》かれた、前衛《ぜんえい》と後衛《こうえい》をわけるライン。後衛《こうえい》の選手《せんしゅ》がスパイクを打《う》つ場合《ばあい》、このラインを超《こ》えると反則《はんそく》になる

アンダーハンドサーブ ……80・82

下《した》からすくいあげるようにして打《う》つサーブのこと

アンダーハンドパス ……44・64・65・66・67・68

からだの正面《しょうめん》で両手《りょうて》を組《く》み、前腕《ぜんわん》でボールを送《おく》り出《だ》すパス技術《ぎじゅつ》のこと

アンテナ ……131・135

ネット上《じょう》のサイドラインを示《しめ》す印《しるし》

Aクイック ……103

レフトにあがる低《ひく》くて短《みじか》いトスを打《う》つ攻撃《こうげき》

ウイングスパイカー ……100

ローテーションにより、レフト、またはライトからスパイクするプレイヤー

エンドライン ……42・89・113・131・133・134

コートのうしろにあるライン

オーバーハンドパス ……52・57・64・65・66・67・68

高《たか》めのボールを返《かえ》すときに使《つか》うパス

オーバーハンドサーブ ……84

上《うえ》から振《ふ》る、球種《きゅうしゅ》のコントロールがしやすいサーブ

カ

キャッチボール ……53

選手《せんしゅ》がボールを持《も》ってしまう反則《はんそく》

キルブロック ……125

相手《あいて》スパイクをシャットアウトしブロックポイントを奪《うば》う目的《もくてき》で、手《て》のひらを下方《かほう》に向《む》け相手《あいて》コートに腕《うで》を突《つ》き出《だ》して行《おこな》うブロックのこと

クイック ……102・103

低《ひく》く速《はや》いトスを打《う》つように、セットアップからボールを打《う》つまでの時間《じかん》が短《みじか》い攻撃《こうげき》のこと。トスをあげる位《い》置《ち》の違《ちが》いでA～Dの4種類《しゅるい》がある

クロスステップ ……122・126・127・128

足《あし》を前《まえ》で交差《こうさ》させて横移動《よこいどう》するステップ。ブロックで2歩《ほ》ぶん移動《いどう》するときに使《つか》う

コート ……8・22・125・131・133・134・136

バレーボールの試合《しあい》を行《おこな》う場所《ばしょ》

コントロールブロック ……125

コートのなかにいれるようにコントロールするブロック

サ

サーキュラースイング ……100

バックスイングから右手《みぎて》で円《えん》をえがくようにしてかまえる、ウイングスパイカー向《む》けのスイング

サーブ ……72・73・74・76・77・78・79・80・82・84・90・91・92・94・114・117・132・137

相手陣営《あいてじんえい》にボールを打《う》ち込《こ》むプレーのこと

サイドステップ ……58・60・63・122・126

横《よこ》に1歩《ぼ》ぶん移動《いどう》するステップ

サイドハンドサーブ ……82

腕《うで》を横《よこ》から振《ふ》るサーブ。アンダーハンドより強《つよ》く打《う》つことができる

サイドライン …… 22・135
長方形《ちょうほうけい》コートの長辺方向《ちょうへんほうこう》のライン（18m）

Cクイック …… 102
ライト方向《ほうこう》にあがる低《ひく》くて短《みじか》いトスを打《う》つ攻撃《こうげき》

シャットアウト …… 116・130
ブロックで相手陣《あいてじん》に落《お》としてポイントすること

ジャブクロス …… 122・128
クロスステップにはいる前《まえ》に、大《おお》きく1歩《ぽ》ふみ出《だ》すことでさらに遠《とお》くのボールにさわることができるステップ

ジャンプサーブ …… 90
高《たか》くトスをあげて打《う》つサーブ

ジャンプフローターサーブ …… 86・88
ジャンプしながら打《う》つ無回転《むかいてん》サーブのこと

スイング …… 76・94・96・97・98・100・101・109・114
ボールを強《つよ》く打《う》つために腕《うで》を振《ふ》ること

スクリーン …… 117
サーブ権側《けんがわ》のチームがサーブを打《う》つ人《ひと》の動《うご》きを隠《かく》す行為《こうい》（反則《はんそく》）

スタンス …… 40・41
歩幅《ほはば》のこと

ステップ …… 30・31・46・47・58・59・63・122・123・124・128
足《あし》の運《はこ》び方《かた》のこと

ストレートスイング …… 76・98
まっすぐ腕《うで》を振《ふ》ること

スナップ …… 37・96
手首《てくび》の力《ちから》をきかせること

スパイカー …… 44・69・103・130・137
「アタッカー」を参照《さんしょう》

スパイク …… 26・43・44・58・63・65・69・76・90・94・95・104・106・110・111・112・114・116・125
ジャンプして相手《あいて》コートに打《う》ち込《こ》む攻撃《こうげき》

スピン …… 91
回転《かいてん》をかけること

セッター …… 57・69・70・102・103・137
主《おも》にセット（トス）するプレーヤーのこと

ゼロポジション …… 72
肩《かた》の関節《かんせつ》が安定《あんてい》する位置《いち》

ゾーンブロック …… 125
相手《あいて》の得意《とくい》コースをふさぐブロック

タ

タイムアウト …… 132・137
作戦会議《さくせんかいぎ》や水分補給《すいぶんほきゅう》をするために競技《きょうぎ》を一時停止《いちじていし》すること

タッチネット …… 117・133
インプレー中《ちゅう》にネット、またはアンテナにプレーヤーが触《ふ》れる反則《はんそく》

ディグ …… 44・58・62・65・69
相手《あいて》チームから打《う》ち込《こ》まれてきたボールを受《う》けること（サーブを除《のぞ》く）

トス …… 44・65・69・70・72・73・77・78・79・85・87・88・89・90・91・95・102・103・107・109・110・111・112・113・114・130
セッターがスパイカーに打《う》ちやすいボールをあげるパスのこと。またはボールを軽《かる》く上《うえ》に投《な》げ上《あ》げること

ナ

ネットタッチ …… 130
「タッチネット」参照《さんしょう》

ハ

ハーフサーキュラースイング …… 96・98・99
バックスイングから両手《りょうて》を振《ふ》りあげて、先《さき》に左手《ひだりて》を引《ひ》いてからのスイング

ハイセット ……56・113
高《たか》いトスのこと

パス ……44・46・52・56・57・58・64・65・66・67・68・69・70
味方《みかた》プレーヤーにボールを回《まわ》す動作《どうさ》の総称《そうしょう》

バックスイング ……28・29・91・95・97・99・100・101・122・128・129
うしろから腕《うで》を振《ふ》りあげる動作《どうさ》のこと

バックパス ……57・66
後方《こうほう》に送《おく》るパス

Bクイック ……103
レフト方向《ほうこう》にあがる低《ひく》くて長《なが》いトスを打《う》つ攻撃《こうげき》

フォロー ……43
アタッカーがブロックされたボールを拾《ひろ》うこと

プラスポジション ……72・74
ゼロポジションより肩《かた》が前《まえ》に出《で》た状態《じょうたい》

プレッシャーブロック ……125
かまえの段階《だんかい》で相手《あいて》の攻撃《こうげき》を予想《よそう》してプレッシャーをかけるブロック

フローターサーブ ……72・76・86・91
ボールを無回転《むかいてん》で打《う》つサーブのこと

ブロッカー ……69・109
スパイクをブロックする人《ひと》

ブロック ……43・109・110・116・117・120・121・122・123・124・130・133
相手《あいて》のアタックをジャンプして空中《くうちゅう》でふせぐプレー

ブロックフォロー ……43
アタックがブロックされるのに備《そな》えてレシーブの体勢《たいせい》に入《はい》ること

マ

マーカー ……121
ネットに取《と》りつけられたアンテナのこと。ネットの一部《いちぶ》と見《み》なされ、プレーヤーがさわるとタッチネットになる。また、ボールが接触《せっしょく》したり、外側《そとがわ》を通過《つうか》するとアウトボールになる

マイナスポジション ……72
ゼロポジションよりも肩《かた》の位置《いち》がうしろにある状態《じょうたい》

ミート ……94・96・104・105・106・107・114
ボールをとらえること

ミドルブロッカー ……98
おもにブロックをする役目《やくめ》の選手《せんしゅ》。別名《べつめい》・センタープレーヤー

ラ

ライトオープン ……102
ライトへの大《おお》きくふんわりしたトスを打《う》つ攻撃《こうげき》

ラリーポイント制《せい》 ……92・137
サーブ権《けん》の有無《うむ》にかかわらずラリーに勝《か》った場合《ばあい》に得点《とくてん》するシステム

レシーバー ……69・116
レシーブする人《ひと》

レシーブ ……58・59・60・62・69・70
相手陣営《あいてじんえい》から来《く》るボールを受《う》ける動作《どうさ》

レセプション ……44
相手陣営《あいてじんえい》から打《う》たれたサーブを受《う》ける動作《どうさ》

レフトオープン ……103
レフトへの大《おお》きくふんわりしたトスを打《う》つ攻撃《こうげき》

ローテーション ……132・137
サーブ権《けん》を獲得《かくとく》した際《さい》にポジションを時計回《とけいまわ》りに動《うご》くこと。小学生《しょうがくせい》はローテーション制《せい》ではなくフリーポジション制《せい》

ワ

ワンタッチ ……119・130
ブロッカーの手《て》にボールが当《あ》たること

おわりに

上達《じょうたつ》するうえで一番大事《いちばんだいじ》なことは子《こ》どもたち自身《じしん》のがんばりですが、子《こ》どもたちを応援《おうえん》する保護者《ほごしゃ》のみなさんの力《ちから》も絶対《ぜったい》に必要《ひつよう》です。われわれはそれを下《した》からフォローしていく存在《そんざい》でしかありません。保護者《ほごしゃ》のみなさんには、やりがいを持《も》って子《こ》どもたちをサポートしていただきたいと思《おも》います。

そして、プレーヤーのみなさんは一生懸命《いっしょうけんめい》、バレーボールを続《つづ》けてください。私《わたし》自《じ》身《しん》の歴史《れきし》を振《ふ》り返《かえ》ってみると、中学《ちゅうがく》、高校《こうこう》で日本一《にほんいち》になれず悔《くや》しい思《おも》いをしました。富《ふ》士《じ》フィルム時代《じだい》にようやく日本一《にほんいち》になれましたが、つねに悔《くや》しい気持《きも》ちがあったから、目標《もくひょう》に向《む》かってがんばってこられたのだと思《おも》います。

何事《なにごと》も一生懸命《いっしょうけんめい》でなければ悔《くや》しい気持《きも》ちは生《う》まれません。私《わたし》の場合《ばあい》は、がんばり続《つづ》けたことでオリンピックにも出《で》ることができました。自分《じぶん》が歩《あゆ》んできた道《みち》は間違《まちが》っていなかったと確信《かくしん》しているからこそ、この経験《けいけん》や技術《ぎじゅつ》を広《ひろ》めてバレーボールに恩返《おんがえ》しをしたいと考《かんが》えています。全員《ぜんいん》がオリンピック選手《せんしゅ》になれるわけではありませんが、がんばれば何《なに》かしらの道《みち》はひらけるということを1人《ひとり》でも多《おお》くの子《こ》どもたちに伝《つた》えていくのが私《わたし》の使命《しめい》だと思《おも》っています。この本《ほん》を通《つう》じて、この思《おも》いが届《とど》けば幸《さいわ》いです。

熊田康則《くまだやすのり》

著者《ちょしゃ》

熊田康則（くまだ・やすのり）

1963年《ねん》3月《がつ》18日《にち》、神奈川県《かながわけん》生《う》まれ。中学生《ちゅうがくせい》からバレーをはじめる。法政二高《ほうせいにこう》に進学《しんがく》するとしばらくはセッターを務《つと》めていたが、3年《ねん》からスパイカーに転向《てんこう》した。法政大学卒業後《ほうせいだいがくそつぎょうご》は富士《ふじ》フィルムに入社《にゅうしゃ》。1年目《ねんめ》からエースとして活躍《かつやく》した。87年《ねん》には川合俊一《かわいしゅんいち》とのペアで「第《だい》1回《かい》ビーチバレージャパン」にも参加《さんか》し、初代王者《しょだいおうじゃ》に。オリンピックには88年《ねん》のソウル大会《たいかい》に出場《しゅつじょう》。94年《ねん》に現役《げんえき》を引退《いんたい》した。99年《ねん》に神奈川県《かながわけん》の小学生《しょうがくせい》バレーボールチーム「大和《やまと》ベアーズ」のコーチに就任《しゅうにん》。翌年《よくとし》に監督《かんとく》となった。第《だい》22回《かい》全日本小学生大会《ぜんにほんしょうがくせいたいかい》（男子《だんし》、2002年《ねん》）の全国大会《ぜんこくたいかい》に出場《しゅつじょう》。第《だい》21回《かい》関東小学生大会《かんとうしょうがくせいたいかい》（女子《じょし》、05年《ねん》）では優勝《ゆうしょう》を果《は》たした。10年《ねん》に「座間《ざま》ハンドタイガース」と合併《がっぺい》し、SAMURAI Legendの総監督《そうかんとく》に就任《しゅうにん》。14年《ねん》8月《がつ》からは博多《はかた》ジュニアバレーボールクラブのスーパーアドバイザーとしても活動《かつどう》している。

〔指導陣《しどうじん》〕
タイガース監督《かんとく》：萩原正吾《はぎわらしょうご》（写真《しゃしん》）
コーチ：尾山清典《おやまきよのり》

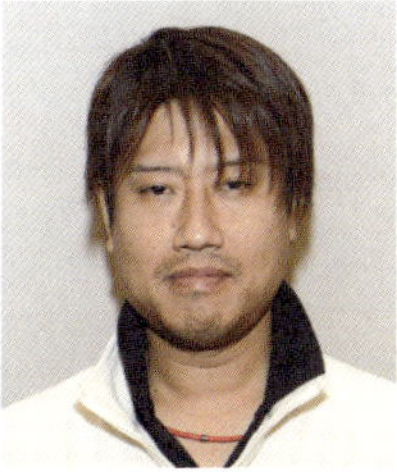

撮影協力《さつえいきょうりょく》／ SAMURAI Legend（サムライレジェンド）

大和《やまと》ベアーズ、座間《ざま》ハンドタイガースが合併《がっぺい》し、2010年《ねん》1月《がつ》にSAMURAI Legend（女子《じょし》：タイガース／男子《だんし》：ベアーズ）を結成《けっせい》。神奈川県《かながわけん》の座間市《ざまし》、海老名市《えびなし》、大和市《やまとし》、厚木市《あつぎし》を中心《ちゅうしん》に活動中《かつどうちゅう》。2010年《ねん》、全国《ぜんこく》スポーツ少年団《しょうねんだん》神奈川県大会《かながわけんたいかい》＝優勝《ゆうしょう》（男子《だんし》）。2011年《ねん》、全日本小学生《ぜんにほんしょうがくせい》バレーボール大会《たいかい》神奈川県大会《かながわけんたいかい》＝準優勝《じゅんゆうしょう》（女子《じょし》）。2012年《ねん》、関東小学生《かんとうしょうがくせい》バレーボール関東大会《かんとうたいかい》＝3位《い》（女子《じょし》）、2013年《ねん》、全国《ぜんこく》スポーツ少年団全国大会《しょうねんだんぜんこくたいかい》＝準優勝《じゅんゆうしょう》（女子《じょし》）。2014年《ねん》、全日本小学生《ぜんにほんしょうがくせい》バレーボール大会《たいかい》ファミリーマートカップ出場《しゅつじょう》（女子《じょし》）。

デザイン／有限会社ライトハウス
黄川田洋志、井上菜奈美、田中ひさえ
今泉明香、岡村佳奈、三上慎之介
イラスト／丸口洋平
写　　真／井出秀人
編　　集／平純子、佐久間一彦（ライトハウス）

こどもスポーツシリーズ

やろうよバレーボール

2015年 2 月25日　　第1版第1刷発行
2017年11月20日　　第1版第4刷発行

著　　者／熊《くま》田《だ》康則《やすのり》
発 行 人／池田哲雄
発 行 所／株式会社ベースボール・マガジン社
〒103-8482
東京都中央区日本橋浜町 2-61-9　TIE 浜町ビル
電話　　03-5643-3930（販売部）
　　　　03-5643-3885（出版部）
振替口座　00180-6-46620
http://www.bbm-japan.com/

印刷・製本／広研印刷株式会社

©Yasunori Kumada 2015
Printed in Japan
ISBN978-4-583-10735-6

＊定価はカバーに表示してあります。
＊本書の文章、写真、図版の無断転載を禁じます。
＊本書を無断で複製する行為（コピー、スキャン、デジタルデータ化など）は、私的使用のための複製など著作権法上の限られた例外を除き、禁じられています。業務上使用する目的で上記行為を行うことは、使用範囲が内部に限られる場合であっても私的使用には該当せず、違法です。また、私的使用に該当する場合であっても、代行業者等の第三者に依頼して上記行為を行うことは違法となります。
＊落丁・乱丁が万一ございましたら、お取り替えいたします。